EMILIA VALETTI

UN VIAJE SIN MALETAS

EN BUSCA DEL CAMINO DESEADO

BARKER & JULES®

BARKER & JULES

UN VIAJE SIN MALETAS
En busca del camino deseado

Edición: Barker and Jules™
Diseño de Portada: María Elisa Almanza | Barker & Jules Books™
Diseño de Interiores: María Elisa Almanza | Barker & Jules Books™
Pintura Abstracta de Portada: Emilia Valetti "Mi oscuridad interior"
Primera edición - 2020

I.S.B.N. | 978-1-64789-194-7
I.S.B.N. eBook | 978-1-64789-195-4

BARKER & JULES, LLC
2248 Meridian Blvd. Ste. H, Minden, NV 89423
barkerandjules.com

ÍNDICE

PRÓLOGO

Conocí a Emilia, "Mily", cuando este viaje recién comenzaba. Quiero ser sincera. Tuve dudas, incertidumbre, algunos temores y a la vez la sensación de un gran desafío. Había un punto de partida y no uno de llegada. Por ende, tampoco estaba claro el recorrido.

Un amigo en común me adelantó que ella me llamaría, que era de profesión Odontóloga y dudaba en seguir con su profesión o seguir otro camino, por lo que deseaba conocer de qué se trataba el "coaching". Fue así que me subí a este viaje, a este maravilloso camino que comenzaba en 2016 y, aunque estuve a su lado acompañándola sólo un año como su Coach Profesional, seguí el recorrido muy de cerca en varias oportunidades.

"Valentía", es sin lugar a dudas la palabra con la que resumo este 'Viaje sin Maletas' que muchos de nosotros quisiéramos hacer alguna vez en nuestras vidas. Yo misma me he planteado, en algunas situaciones de mi vida, emprender un viaje similar, y por una razón u otra aún no ha llegado el momento.

Este era "su momento". En su ciudad de residencia en Argentina, Emilia era una odontóloga reconocida, con pacientes que la seguían, confiaban en su trabajo y lo elegían una y otra vez. No obstante, recuerdo que ella sentía en todo su ser, incluso con fuertes reacciones corporales, que no quería seguir trabajando en esta profesión. Su ser espiritual le iba dando señales, más suaves o más fuerte por momentos, y aunque ella tímidamente las percibía, había llegado el momento de escucharlas de verdad.

Cuando uno decide emprender un viaje, conoce el punto de partida y generalmente el punto de llegada, así como el recorrido. Como les adelanté en el primer párrafo de este prólogo, en este caso y tomando la metáfora de un viaje, sabíamos desde dónde partir, aunque no sabíamos en ese momento hacia dónde elegiría dirigirse, cuál sería el lugar de destino y menos aún cuál sería el recorrido. Con todas esas dudas, con incertidumbre comenzamos a trabajar. Y el viaje comenzó.

Emilia tenía que tomar muchas y variadas decisiones, entre ellas lograr que su consultorio siguiera funcionando y generando dinero, a pesar de no estar ella al frente. Era su única fuente de ingresos. ¿Cómo hacerlo? ¿Qué pasos dar? ¿Con quiénes hablar? ¿Cuándo y cómo hacerlo? Trabajamos en acciones concretas, tomó decisiones y mantuvo conversaciones; las personas adecuadas fueron llegando para dar esos pasos y lograr el resultado que buscaba. La primera etapa de este viaje, separarse de su profesión y su consultorio, fue alcanzada con éxito.

Entonces comenzaba la segunda etapa, que venía anticipándose sin mucho permiso, la parte más profunda y variada de este viaje sin maletas; la parte más intensa, la más sentida, con algunos momentos de calma, otros de intensidades y adrenalinas, la parte más mágica, la parte espiritual.

¿Qué decir del camino?... ¡Los invito a recorrerlo!

Sólo puedo anticiparles que vivirán momentos únicos que fueron relatados desde el alma y con el firme propósito de alumbrar el camino a quienes deseen emprender un viaje similar y estén sintiendo el temor de hacerlo.

Un viaje sin maletas, sin lugar a dudas, es un viaje que recorrerás junto a ella y, como en todo viaje, encontrarás momentos para disfrutar el camino, momentos para detenerte a descansar, reflexionar, redefinir y seguir adelante. Habrá también partes de camino que te generarán adrenalina, tal como si estuvieras en una montaña rusa; habrá sorpresas, momentos emocionantes y hasta desafíos, ya que quizás te imagines que éste podría ser tu viaje, y reconociendo un camino ya recorrido, quizás te animes emprenderlo.

¡No hay maletas que pesen cuando abres tu corazón... te invito a viajar ahora mismo!

Marcela Baudino
Coach Ejecutiva

ACERCA DEL AUTOR

Emilia Valetti nació en Alejandro Roca, provincia de Córdoba, Argentina. Luego residió en la ciudad de Córdoba desde 1988 hasta septiembre de 2017, mudándose después a México en busca de sus sueños.

Se graduó de odontóloga en la U.N.C., profesión que, a causa de su cambio de vida dejó de ejercer, girando en otra dirección.

También incursionó desde su infancia en el dibujo y la pintura; actualmente es terapeuta de Reiki y creadora de una marca de sombreros pintados a mano en el Caribe mexicano. Hoy nos acerca a través de la escritura a una experiencia rica en trabajo interior.

DEDICATORIA

Dedicado a los buscadores más hermosos que he conocido… mis hijos Pablo y Camila, verdaderos motores de mi vida, flores de mi vida. A ellos, que pudieron estar aquí en la Tierra y vivir este sueño que es la vida, y a los que no pudieron estar.

A todos sus amigos, de quienes aprendí mucho, y a los míos, que me acompañaron desde el amor.

A mi padre, que falleció deprimido, medicado, adormeciendo su grito de libertad y su sensibilidad a la vida.

A mi madre, que a través de sus miedos me impulsó a buscar el por qué el amor no se manifestaba entre nosotras y así poder sanar nuestra relación. ¡Te amo viejita querida!

A mi bella y amada nieta Manú, que cuando empecé a escribir este libro era sólo un proyecto "álmico" y ahora ya es presencia infinita en este planeta, donde el milagro de la vida se manifestó llenando mi corazón y mi alma de amor cada día de mi existencia.

A Carlos ("El Negro"), gran compañero de un trayecto de mi vida que trajo luz, optimismo y amor, ayudándome a recordar lo que mi alma había olvidado.

A mi abuela Emilia que, aunque no la pude conocer, me siento unida a ella deseosa de libertad emocional.

A mis hermanos, que con amor cuidan de mi madre durante mis periodos de ausencia.

A todos aquellos buscadores encaminados y a los desorientados que no pueden encontrar la puerta de su verdadera casa, la del verdadero hogar y se refugian en el hacer y hacer, detrás de algo que inclusive nunca llega o llega pero nunca satisface, en el culpar o en quejarse en forma inconsciente y casi permanente.

A los que buscan un camino más rápido en las drogas, a veces por indicaciones médicas o automedicación, o en el alcohol, que los hace adormecer sus emociones, acallando sensibilidades y voces desde adentro, enmudeciendo verdaderos gritos de libertad.

A todos los que se animen a un cambio para lograr vivir en sintonía con la energía principal en la que fuimos creados… ¡el AMOR!

A todos los que vendrán…

AGRADECIMIENTOS

¡GRACIAS!

A mi psicoterapeuta, quien puso palabras o frases en plena crisis, haciendo que su acompañamiento abriera caminos para seguir buscando.

A Ivón, quien me acompañó, creyó y confió en mí sin cuestionarme, y aceptando todo mi proceso de cambio con amor.

A mi amiga "Ceci" López, quien me aconsejó escribir mucho antes de este viaje, como ejercicio terapéutico para expresar emociones.

A mi paciente y amiga Alicia Marino, que con su calidez, humor y ocurrencias me estimuló incansablemente.

A Marcela Baudino, "La Coach", que a la vuelta de mi viaje, con profesionalismo y gran capacidad humana empezó a acompañarme para armar un plan de acción, motivándome a cumplir mis deseos.

A mi amiga Anita Macías, que con dedicación y amor colaboró en la corrección.

A Karina Pasquali y Javier Gutiérrez, terapeutas holísticos que me ayudaron para sanar heridas del alma.

A Tayhana Imaz por su estiímulo y acompañamiento.

A Edgar Zamora Olalde, a quien encontré en el camino de la publicación de este libro, siendo un excelente anfitrión en su querido México.

A todos los que de una manera u otra hicieron posible esto, quizás de una manera que ni lo saben, les agradezco de alma a alma...lo esencial es invisible a los ojos dijo Antoine de Saint -Exupéry en "El Principito".

A mis hijos nuevamente, por todo lo que me enseñaron y porque supieron esperar por la persona que sabían que yo realmente era.

¡A mí misma!, que me animé a sentir y transitar el cambio.

CARTA AL LECTOR

Hola! ¿Sos vos?

¿Eres tú?... Quizás no... Por eso te escribo.

Además, te escribo porque te quiero.

¡Te esperaba hace tiempo!

Me llamo Emilia, que es el nombre que me pusieron mis padres... ¡Por suerte, me gusta mucho! Así se llamaba mi abuela paterna a la cual no conocí, porque murió tres meses antes que yo naciera. Soy la más chica de cuatro hermanos. Como a ellos no les gustaba mi nombre, de bebé me empezaron a decir "Mily"... Y acá comienza la historia.

Aunque en esta oportunidad no te contaré detalles de mi infancia, seguramente te la irás imaginando un poco.

No es por casualidad que yo hoy en día tenga todo este impulso y deseo de hacer un cambio de vida y escribir sobre ello, y que mi abuela Emilia haya fallecido por depresión y medicada por este mismo padecimiento.

En la familia jamás se habló de la causa de su muerte, ya que era prohibido el tema; no tengo duda de que todo lo invisible, intangible y lo secreto yo lo absorbí.

Te invito a compartir algunas experiencias mías, que quizás coinciden con algunas tuyas, o tal vez te identifiques, o tan sólo te sirvan para revertir algún aspecto que te molesta de ti mismo;

o tal vez sea sólo un deseo postergado, algún sueño que tengas y no puedas cumplir, o te sientas triste o angustiado.

Mi intención es que puedas disfrutar más de la vida, de "tu vida", desde otro lugar... exactamente desde el tuyo.

Para eso, lo ideal es que te animes a hacer un viaje sin maletas... a tu interior.

Si decides seguir leyendo te contaré el mío. No es una receta, ni un manual de consejos, es simplemente -como te dije-, un viaje... y quiero que lo hagamos juntos. ¿Vamos?

INTRODUCCIÓN

Este libro se trata de relatos que surgieron de mi corazón y no de mi cabeza, cuando sentía la voluntad de compartir lo que me pasaba, lo que sentía, escuchando a mi propio guía interior, que tenía el deseo imperioso de hacerlo, de comunicar algo y compartirlo.

Y sentí que ya había finalizado cuando tuve la sensación que eso era lo que tenía que transmitir.

También aprendí que es una responsabilidad compartir con los demás lo que uno siente como un pedido tan fuerte en el interior (de hacer este libro), y que el mayor de los errores es "el silencio"; hay que ofrecer con amor lo que tu corazón quiere contar.

Por todo esto... ¡aquí estoy!

CAPÍTULO 1

¿El por qué de este libro?

Cuando viajé a mi interior, encontré el deseo de escribir este libro. Fue como un llamamiento, un pedido de mi Ser Superior (en el Capítulo 2 lo cuento tal cual lo sentí). Quiero dejar el mensaje de lo que siento, primeramente a mis hijos, buscadores incansables y viajeros del alma, y después a todos los seres humanos en general.

Hay un viaje principal por hacer en este paso por la tierra, y éste es al interior de cada uno de nosotros, donde se encuentra nuestro hogar, el verdadero lugar en el mundo, y desde ahí lograr estar en paz.

Quienes disfrutan de lo externo creen que ahí está *EL VERDADERO SENTIDO DE LA VIDA*, pero no es lo que a mí me ocurría. No abandonen este planeta sin encontrar esa paz plena, la cual está cubierta con tantas capas como la cantidad de años que llevemos viviendo; esas capas son el ego, costumbres, hábitos, "*bulling*" en la escuela, peor aún en la casa, y más cosas que hacen que con el tiempo se forme una coraza gruesa y muy dura.

A veces hay que renunciar a ciertas cosas que te agradan, como en mi caso los viajes, a los cuales tuve que desistir en dos ocasiones para realizar con autenticidad esta travesía a mi interior, ya que lo sentí con mucha intensidad en ese momento y tuve que elegir entre ser auténtica y detenerme a sentir, o seguir el ritmo de la vida repitiendo cosas elegidas por los demás con tal de agradarles, con los malestares que eso conlleva.

Que el verdadero juego de la vida es sentir y no sólo creer, pensar y copiar lo que los demás hacen, sino escuchar al corazón sin que intervenga la cabeza, y animarse a transitar ese camino dando amor, ya que todo lo demás se expande y manifiesta.

Todo eso se puede lograr sin aditivos, sin drogas, lo que hace que sea duradero y nos transforme de verdad.

Quiero contarles que el primer desafío es reconocer los síntomas, como el malestar, la angustia, la inconformidad, la desmotivación, la intolerancia, el aburrimiento, la confusión, el desgano, la sensación de vacío, la victimización, la queja, el insomnio, la ansiedad, el enojo, la ira, el dolor, las contracturas, entre muchos otros. Estos síntomas son la luz de alerta para empezar el cambio.

Alguna vez escuché que el arte es una herida hecha luz. Entonces, digo que este libro es la *LUZ DE MIS HERIDAS*, porque aquí les cuento que cada herida se iluminó y de cada una aprendí su mensaje...

Del miedo, la soledad o la incomprensión vino siempre una evolución.

¿El por qué de un cambio?

La vida merece ser vivida desde el verdadero ser de cada uno. Eso es lo que nos da la verdadera felicidad. Nada externo tiene el poder ni la capacidad para lograrlo, sino sólo potenciarlo y hacerlo más bello, pero no de generarlo, así nos conectamos con la energía organizadora del Universo y nos quitamos los disfraces que no nos pertenecen, que nos pesan y dejamos de vivir desconociéndonos unos de otros.

En cambio, viviendo desde el *"Ser"* gozamos de felicidad genuina, que naturalmente emerge; lo traemos cada uno al nacer y luego lo olvidamos. Los proyectos nos dan momentos felices, pero la felicidad auténtica, verdadera, natural y sin causa aparente viene desde adentro; nos pertenece por ley natural y depende de nosotros que lo recuperemos, que vivamos en sintonía con uno mismo y no de acontecimientos externos, sólo así dejaremos realmente de sufrir.

> ***"Somos todos esclavos de nuestro personaje, creado primeramente por la familia con sus mejores intenciones, segundo por la sociedad con toda su estructura, y tercero por la cultura que no la elegimos nosotros; el camino de la transformación es liberarse de la esclavitud. Detrás de mis mil máscaras soy auténtico".***
>
> **Alejandro Jodorowsky**
>
> *Extraído del libro "El monje que vendió su Ferrari".*

Transcurría el mes de enero del 2016 y festejaba un cumpleaños más, el número 46. Soplé las velas y pedí una vez más "*paz interior*" -¿quién no pide eso?, ¿quién no lo desea?-. En casi todos los cumpleaños y en los 31 de diciembre lo pedía, sentía que eso me faltaba. En realidad no sabía bien qué era desde hacía mucho tiempo, inclusive desde una etapa de la niñez, donde la soledad me invadía. La falta de alegría en mi familia se notaba y además me encontraba inmersa en una estructura de perfeccionismo y de manipulación, que por supuesto yo no detectaba.

Cuando crecí elegí un proyecto de vida que me llevó a sentir más soledad y más manipulación, repitiendo inconscientemente el modelo. Era siempre como un malestar, un vacío, un no sé qué, como una música de fondo melancólica y triste. Al sentirlo me venía la culpa de ser desagradecida de la vida y pensaba que casi nada me faltaba. ¡Claro, de lo material! Lo que faltaba era un casi espiritual, un casi emocional.

Aún en distintos momentos y episodios felices de mi vida aparecía en el fondo esta sensación de no satisfacción, y me preguntaba qué necesitaba, qué será ese casi.

Nada me faltaba. En reiteradas oportunidades me lo volvía a preguntar y de nuevo una voz interior me respondía: '*Paz interior te falta*'. Inclusive, atravesaba mi mejor etapa profesional y eso aún más me confirmaba que lo que me faltaba era algo más espiritual.

¿Cómo conseguir esa paz que yo pedía? No podía explicar con palabras lo que sentía, era como un persistente susurro que me molestaba, hasta que llegó a ser un grito liberador y entonces pude ponerle palabras.

Esa paz era la necesidad de llenar un vacío de existencia, de buscarme a mí misma, de darle un sentido a esa existencia... mi propio sentido. Sentir para vivir de verdad, según la verdad de cada uno. Yo había aprendido a vivir para cumplir y de esta manera vivía la vida de otros, de los que me heredaron su manual de vida; yo tenía necesidad de tirar ese manual y escribir el mío propio. Este manual se llama sistema, que está diseñado para dar nuestros mejores años al consumo y la productividad.

No importa qué edad tengas para saber la verdad, que es lo que tú necesitas para sintonizar con tu "*Ser*" interior. Tampoco lo debes heredar al que escribas, es personal. Pude darme cuenta que lo que a mí me daría paz no se lo daría a otro, por eso no existen recetas sino experiencias que pueden hacerte despertar de ese letargo, que sólo uno y nadie más puede darse cuenta, por ello es bueno compartir nuestro sentir.

Me casé demasiado joven y me separé cuando mis hijos eran muy pequeños, comenzando a transitar un camino pesado de soledad como madre/padre, lo cual a su vez me dio la fortaleza para hoy animarme a todo lo que he logrado.

Por eso sentí definitivamente la necesidad de buscarme. ¿Pero cómo se lograba? ¿Por dónde empezar?

Hoy sé que animándome a sentir, ser auténtica y actuando en consecuencia se tiene trazado el camino para lograrlo. Lo que no me imaginaba es que iba a ser tan intenso, con tantas pruebas, las cuales dejan un gran aprendizaje.

Ahora realmente comprendo la frase *"la valentía de ser tú mismo y transitar el cambio"*; en ese momento sólo me preguntaba cómo lograría ser auténtica. La única manera es trabajar en conocerse a uno mismo, porque la mayoría de las veces creemos ser auténticos y en realidad vivimos queriendo agradar para ser aceptados; nos adaptamos a los demás para facilitar situaciones, nos acomodamos; lo cierto es que después aparecen enfermedades y malestares de todo tipo, y no sabemos por qué.

Entonces, el camino es desapegarse de lo aprendido, quitarnos lo que no nos pertenece, lo que nos sobra y ver qué nos falta para que verdaderamente sea querido por uno mismo. Por supuesto que no es fácil, es un gran trabajo casi permanente y abarca muchísimos aspectos, pero la recompensa es grande, da mucha plenitud, mucho crecimiento espiritual y mucha paz.

Además, al sentir que estás construyendo tú propio manual y no el que te impusieron se disfruta plenamente hasta de los desafíos más grandes que antes llamaba problemas y hoy sé que son circunstancias a resolver.

> ***"La escultura está dentro, sólo hay que quitarle al mármol lo que sobra".***
>
> **Miguel Ángel, cuando le preguntaron cómo esculpió "El David".**

Y con ese susurro, que era casi un grito, empezó a transcurrir el mes de febrero y los planes eran viajar, con los pasajes ya comprados, primero a Brasil, y el otro en marzo, a Europa. Me encanta viajar, es una de las cosas que más placer me da... ¡lo disfruto mucho! Tan es así que lo había estado haciendo bastante seguido en los últimos años, pero esta vez no le encontraba sentido y me preocupaba que algo que me encanta hacer, no me estuviera motivando. Empecé a sentir la necesidad de nuevas experiencias en esos viajes y no sólo conocer.

Un vacío cada vez más intenso se apoderaba de mí. Nada me entusiasmaba y eso me asustaba. Me resguardé en el trabajo, pero ahí tampoco estaba a gusto.

El 2015 había sido un año intenso, complejo, con problemas familiares; estaba intolerante, crítica y reclamadora. Después aprendí que los reclamos son la propia resistencia al cambio, a modificar algo que nos molesta de uno mismo y no nos animamos, y el otro nos hace de espejo.

Sucedieron cosas que llevaron a mi ego a la máxima expresión. Más tarde, leyendo una cita de Osho, de su libro del *"Ego"*, entendí que llevándolo a la máxima potencia era la única manera que podemos realmente derrotarlo, porque entonces así no nos gustamos, nos desagradamos, nos desconocemos y necesitamos así reencontrarnos para poder ver nuestro verdadero ser: conocer verdaderamente quiénes somos. El malestar era cada vez mayor, cada vez más intenso y volví a recordar que eso habitaba en mí desde mi niñez.

La vida agitada que me inventaba no permitía detenerme a escucharlo, o tal vez el miedo y el correr son las excusas, o un poco de cada cosa; siempre me consideré valiente en lo que de búsqueda interior se trataba; fui siempre una exploradora.

Mi perfil era el de una chica distraída "*volada*",- así me decían en mi familia-, siempre estaba leyendo, buscando películas, conferencias sobre el sentido de la vida, eran los temas que me interesaban; algo siempre me quedaba resonando, no podía sentir bien qué era... me estaba buscando a mí y el sentido de la vida..

En realidad no me había animado a disentir de los que me rodeaban y me convertí en una persona que no era, empecé a estructurar las cosas en mi cabeza con tal de no ofender a nadie, ni familiares, ni amigos; más tarde, tampoco al sistema.

Me fui amoldando al rol que me asignaron, a la estructura de la familia, sintiendo que si no era de esa forma que se esperaba ofendería y no sería buena persona; me acostumbré a coincidir con la gente para no sentirme mal, para no sentir culpa, adecuándome al comportamiento del resto, tratando siempre de encajar por miedo a ser rechazada y por miedo al qué dirán.

Por dentro se comenzaba a tejer ese malestar que luego fue tan difícil de desenredar y diagnosticar. Comprendí de a poco que así funciona lo que nos ofende de los demás; cuando disentimos es lo que tenemos que trabajar en nosotros. Así es como empezamos a autocriticarnos y a construir a nuestro peor enemigo... nosotros mismos.

Nos vamos apagando y no sabemos por qué. Mi ser se traslucía de diferentes maneras, pero... ¿quién era verdaderamente yo?

¿Era ese ser divino repleto de amor encerrada en un cuerpo y en una jaula de reglas y pensamientos limitantes, construyendo de a poco una bronca e ira disfrazada de bondad, buscando la atención en la sumisión, en la manipulación, construyendo una falsa felicidad?

Y seguimos ejerciendo ese papel en la familia, en los diferentes entornos, así comenzamos a tomar decisiones, elegir una carrera de estudios, una profesión, una pareja, todo desde ese lugar.

Ya había construido así una realidad de vida como madre y profesional que no me generaba el espacio para leer mi interior en silencio quizás, entonces seguía tejiendo ese malestar que en el fondo susurraba pidiendo sanar.

Algo no acababa de cerrar nunca a pesar de que todo aparentemente estaba bien. Se tiene salud, una familia que te quiere, hijos sanos, una profesión hermosa, viajes y posibilidad de darte los gustos que quieras, y aun así no estás conforme (eran las voces que me susurraban).

Entonces, esa mente programada por la estructura, el único resultado que encuentra es el de hacerte sentir culpable, tejiendo otra capa más al malestar.

Entiendo que llegamos a este mundo como bebés con un cúmulo de infinitas posibilidades, pero parte de eso se queda sin explorar, durmiendo, por condicionantes culturales, de la familia, del deber ser, de los que cuidaron de ti, así haya sido con las mejores intenciones.

Quizás algunos adultos te animaron a que tuvieras una mente abierta, pero eso no fue suficiente. Tenemos que ser honestos con nosotros mismos. Las veces que quisiste hacer lo contrario probablemente te hayan corregido y eso propició una limitante y dejaste de ser quien eras y nos empezamos a convertir en lo que quieren de nosotros.

Eso es lo que los toltecas llamaron domesticación. Somos domesticados como a un perro, como a un gato de la misma manera, sólo que con patrones culturales y pautas sociales, y se va achicando el campo de las posibilidades de ser nosotros mismos y ser auténticos.

Así nos empezamos a desconocer, a enfermar y vamos cargando con frustraciones que ya no sabemos detectar; si no nos ocupamos en renacer agonizaremos espiritualmente. Quizás nos salven algunas cosas externas a nosotros, pero seguramente tendremos que acompañar a esta desconexión en cierto modo con alguna medicación.

Para realmente recordar quiénes somos, primero debemos olvidar lo que otros nos dijeron lo que deberíamos ser.

> ***"Cuando somos pequeños todo lo que creemos de nosotros mismos y de la vida es lo que aprendemos de los adultos que nos rodean al crecer, tenemos tendencia a recrear el ambiente emocional que tuvimos en la casa. Esto no es bueno ni malo, ni correcto ni equivocado, sólo significa que es lo que creemos que es nuestra verdad".***
>
> **Louise Hay**

Y así, de a poco, fui descubriendo que tener una mente abierta y no apegarme a nada te va acercando a la paz interior que tanto deseaba.

Hace aproximadamente 5 años había sufrido un episodio de pánico. Por la madrugada empecé a tener un miedo desmedido que me hizo sentir como un niño aterrorizado que no quería que saliera el sol; el día era amenazante, no creía poder enfrentarlo.

Sentí que no iba a poder afrontar nada de lo que sucediera tan pronto amaneciera. Era un miedo a lo desconocido -aunque todo fuera conocido-, quizás hubiese sido una puerta por buscar, pero me asusté ante el episodio y acudí a la medicina tradicional; y callé con medicación -quizás- mi primer grito de libertad.

Yo sabía que no iba a poder llevar a ambos personajes por mucho tiempo habitando en mí: el ser y el aparentar.

Aparentar que todo estaba bien si yo sabía que algo estaba mal; algo hacía ruido. A veces preferimos mentirnos porque le tenemos miedo al cambio. El destino parecía que tenía un motor exterior a mi persona que no estaba dentro de mí, lo sentía como un motor impuesto al que yo respondía.

Quería ser libre, gozar de esa libertad interior, tal como lo estaba haciendo mi hijo Pablo, quien vive viajando desde hace años al elegir una vida nómada, esa que muchos desean pero que no se atreven, lejos de estructuras y sistemas impuestos (tanto tiempo escuchando a opinólogos decirme: *¿'Ya va a sentar cabeza'?)*

Yo, en lo más profundo de mí ser, sentía que sentar cabeza (frase muy usada en la cultura de mi país de origen) era que se metiera en una jaula y dejara de vivir, seguramente con la aparición de ciertos síntomas de enfermedades y demás consecuencias. Cuánta confusión que hay entre la gente entre libertad y responsabilidad. Se puede ser libre siendo conscientemente responsable.

Para fin de año -diciembre de 2015-, Camila, mi hija menor, decidió irse de viaje para visitar a su hermano, quien en ese momento estaba en México, por lo cual me quedé sola en casa.

Pero a mi favor y para no quedarme atrás en cuanto al placer de emprender el vuelo, estaba en puerta el viaje que haría a Brasil –como lo había contado con anterioridad-, acompañada con mi pareja de ese momento.

Tenía que preparar las maletas, pero empecé a darme cuenta que no me sentía motivada, y al recordar frases que había leído y que me resonaban en mi cabeza, como por ejemplo una muy conocida de Albert Einstein, que dice: *"Si buscas resultados distintos, no hagas siempre lo mismo"*. Y la repetía en silencio y la empecé a sentir, y me animé a decirme a mí misma lo que sentía... ¡No quería irme de viaje!

El síntoma era no tener voluntad de preparar las maletas, siendo que a mí me encanta hacerlo. Cuando lo hago, siento que ya estoy viajando, que ya estoy disfrutando, por eso fue sintomático el no tener la voluntad de empacar; realmente era porque no necesitaba llevar nada donde el Universo me llevaría de viaje.

Entonces me animé a contárselo a una amiga, la cual me respondió en forma clara: *"Esa decisión es tuya -me dijo. Vos tenés la llave. Lo que te diga yo o cualquier otra persona no te sirve a vos; no busques respuestas afuera que van a ser equivocadas"*.

Entonces me enfrenté conmigo y con nadie más, y me dije: *'Ya no hay lugares donde refugiarme, llegó la hora de enfrentarte con vos y nadie más'*.

Muchas de las veces uno se distrae escuchando lo que dicen los demás, pero el malestar ahí está; luego, cuando no salen las cosas al no haber sido elegidas por nosotros, nos enojamos con los demás. La vida te va golpeando, a veces te pondrá de rodillas para que reacciones y cortes con patrones establecidos que te empecinas en alimentar, pero tú seguirás con tus justificaciones por miedo al cambio, como lo hice yo durante mucho tiempo.

Nos conformamos con lo que hay y corresponde exactamente con la falta de amor a uno mismo. Cuando te amas creas una capacidad de discernimiento, lo tomas o lo dejas, pero no te quejas, por lo contrario, actúas. También tiene que ver con la falta de construcción de los propios valores y ser leales a ellos, porque cuando los construyes ya no te dejas manipular, y cada cosa la vives como un aprendizaje y no como un problema o tragedia.

Yo estaba confundida porque me recriminaba a mí misma y me decía: '*Por qué no me voy de viaje y al regreso lo resuelvo, y así no lastimo a nadie*'.

Pero no estaba siendo auténtica marchándome. Así era factible, incluso, lastimar más porque nada bueno podía dar. Entonces volví a preguntarme: '*¿Cuál es el problema? ¿Te importa el qué dirán?*' Y me contesté: '*¡Basta! Llegó la hora de ser auténtica y explorar*'.

Mi primer gran desafío fue decirle a Carlos lo que sentía, mi pareja y gran compañero de viaje de 9 años de mi vida, con el cual compartí muchas charlas profundas de espiritualidad y mucho amor, y a quien agradezco el haber confiado en mí y no haberme presionado, ni juzgado, ni generado ningún tipo de culpa. Por el amor que me tenía, él respetó mi decisión.

Él se fue de viaje solo y eso me posibilitó poder estar ocupada en mí, y no en defenderme ni en dar explicaciones; era tanto a lo que me había animado que su actitud de irse sin reprochármelo fue también un empujón. De no ser así, esta puerta hubiese sido quizás mucho más difícil de abrir.

No puedo olvidar su cara de angustia y también de enojo, que después me confesó que era con él mismo, por no haberse dado cuenta que mi crisis era más profunda de lo que él creía y que no se podía solucionar con viajes.

Era muy difícil la situación al desistir irme con él, pero sentía que iba a ser para algo bueno; confié plenamente en lo que sentía y fue muy benéfico. Lo sentí en ese momento y así lo decidí. Eso fue la clave, allí estaba el secreto: no postergar. Ahí estaba la puerta y la pude abrir. ¡Qué felicidad!

> ***"Tan absurdo y fugaz es nuestro paso por el mundo, que sólo me deja tranquila el saber que he sido lo más auténtica que he logrado ser, lo más parecido a mí misma que he podido".***
>
> **Frida Kahlo**

Hacía tanto tiempo que mis preguntas quedaban sin respuesta. Yo sabía que había otra forma de vivir las cosas que sintonizaran conmigo y que a mí me daría esa paz que añoraba, pero yo no descubría cómo hacerlo, otra forma de vivir la vida, mi vida; sentí que yo estaba viviendo la vida de otros, pero ahora había encontrado la puerta.

Una vez que te animas y decides escucharte las voces llegan, y así fue como empecé a escucharme y descubrir que todas las respuestas están ahí adentro de uno mismo; que nos pasamos la vida buscando culpables a quien entregarle el control de nuestro ser.

Buscamos el poder afuera, quizás para no asumir riesgos; construimos quizás la vida que queremos y después entregamos el manejo de la misma a cualquiera, creyendo que el otro nos hará feliz y eso hace tal vez que no podamos encontrar respuestas.

La vida compartida es hermosa, pero cuando nos hemos empoderado de nosotros mismos -o sea, haber aprendido a vivir cada quien solos-. Debemos primero ser felices nosotros y luego compartir esa felicidad; dejar de creer que el otro tiene que hacerte feliz, sino se confunden carencias, reclamos hacia uno mismo y esto nos trae infelicidad, y la culpa no es de nadie sólo responsabilidad de cada uno.

Y así empecé a sentir con mi cambio un empoderamiento y una gran responsabilidad para conmigo sobre mi propia felicidad; fui fiel a mí misma y eso me estaba conduciendo a un destino desconocido, pero sentía me traería esa paz que tanto anhelaba.

CAPÍTULO 2

Relatos de mi viaje sin maletas

Esta canción me hizo sentir identificada en esos días. Comparto parte de su letra.

DOWN

(Jason Walker)

No sé dónde estoy.

Espero de pie en la parte de atrás

Y estoy cansado de esperar

Esperando aquí, en línea

Confiando en encontrar

Lo que he estado buscando...

No estoy listo para dejarlo ir

Porque entonces nunca sabré

Lo que podría llegar a perderme,

Pero ya me estoy perdiendo mucho...

Así que, ¿cuándo me rindo?

¿qué he estado deseando?

Miré hacia el cielo...

Estoy atrapado en el suelo...

Entonces, ¿para qué trato? Sé que me voy a caer.

Pensé que podía volar, entonces ¿por qué me ahogué?

Nunca se sabe por qué se viene abajo, abajo, abajo

.Y no quiero escuchar el sonido de perder lo que nunca encontré.

Me convertí en una mochilera de mi interior a partir de este viaje que les voy a relatar. Hasta este momento sólo detenía mis actividades cuando llegaban las vacaciones; iba a otro lugar físico en donde me entretenía con lo exterior y descansaba del trabajo.

Pero esta vez, además de descansar, necesitaba que algunas cosas cambiaran. Sentía que si me iba de viaje a algún lugar no iba a poder disfrutar de las vacaciones, porque nada externo me haría sentir bien; me asusté de que nada me conmoviera, por eso tomé la decisión de no irme a Brasil como estaba programado y viajar entonces sin maletas a mi interior.

Así fue como una vez que me encontré conmigo misma me pregunté: '*¿Y ahora qué? ¿Por dónde empiezo? ¿Cómo hago? ¿A dónde me voy? ¿Pido ayuda?*'. Recordé que alguna vez había dicho: '*¡Paren el mundo que me quiero bajar!*'.

Y ahí estaba yo, cumpliendo ese deseo, el de bajarme del mundo que ya lo sentía como un carrusel. Sentí verdaderamente al no irme de viaje, como si lo hubiese detenido. También empecé a recordar frases, relatos, párrafos leídos, libros comprados y no leídos; entre ellos recordé haber escuchado un relato del orador Roberto Pérez, quien contaba que al entrar en un country había un cartel con instrucciones para el conductor del auto, y comparaba lo que decía el cartel con lo que exactamente cada uno de nosotros deberíamos hacer con uno mismo. El cartel decía así: *'Apague las luces exteriores y encienda las del interior; apague el motor e identifíquese'.*

Y exactamente eso fue lo que hice con la ilusión de poder contestar algunas preguntas que hacía tiempo no podía. Como por ejemplo: ¿Quién soy?, ¿a dónde voy?, ¿cuál es mi misión? Las respuestas empezaban a bombardearme desde mi cabeza: madre, hija, hermana, tía, amiga, odontóloga; comprendí que eso es lo que hacemos, no lo que somos.

Entonces, emprendí mi viaje de 15 días sola sin trasladarme a ningún lugar físico, siempre allí en mi casa, en esa que siempre estaba de prisa, sin detenerme a observar ni a observarme, porque el tiempo nunca alcanzaba.

Al principio sólo me invadía un profundo deseo de cambio, luego el placer de la no preocupación por tener que responder a nada, ya que todos mis allegados y mi entorno suponían que estaba de viaje, porque a veces no es el problema por el cual los demás te invaden y te preguntan, sino que nosotros estamos preocupados en responder, aunque los otros no pregunten.

El primer y gran descubrimiento de mi ser interior y que me agobiaba mucho era el querer dar respuesta inmediata a todo, y de lo que dicen los demás, pero por el ritmo de la vida cotidiana no nos damos cuenta y quizás sólo sentimos incomodidad.

Esas fueron las luces exteriores que apagué, el no dar respuestas; y por supuesto, nada de noticieros ni programas de televisión y redes sociales, sólo miraba en algún momento si había mensajes, y si sentía deseos de leerlos lo hacía, y si no, no, confiando que mi intuición sería mi guía, prestando atención a mis sentidos y no contestando por impulso.

Lo primero que hice fue escribir esto: "Quiero ocuparme de mí, de escucharme, no de lo que dicen los demás sino de lo que dice mi ser". Que no era para nadie en particular, sino que escribía para todos en general; después entendí que también me lo escribí a mí misma. Es muy importante ser claro con el entorno de que mensaje querés dar, y de qué necesitas.

No necesitaba que me entendieran ni lo que opinaran de mí, necesitaba que si pudieran me acompañaran y me aceptaran.

Porque uno, sin querer, muchas veces se deja influir más por las conclusiones o comentarios de la gente que uno quiere, y es así como dejamos de escucharnos y hacernos caso.

Esto lo escribí en un cuaderno que después fue a donde volqué todo lo que iba sintiendo, haciendo un tipo de ejercicio terapéutico, ese mismo que después se transformaría en este libro.

Y así fue como mágicamente lo poco que leía era justo lo que tenía que leer; era mágico, sorprendente. Todo lo que iba necesitando llegaba; era como una energía que organizaba todo, sólo porque hacía lo que sentía.

Y claro, muy pocas veces uno hace lo que verdaderamente siente; si estando aun de vacaciones nos exigimos hacer cosas de las cuales no tenemos ganas, pero como están planificadas, igual las hacemos aunque no las queramos hacer.

Esa energía era la que movía las piezas, y si nosotros no interferimos, todo se da y se acomoda; así es como aparecieron ciertos mensajes de la nada que me conectaron con cosas que me hicieron llorar de emoción, así como otras que me hacían contestar algo que me servía para reafirmar lo que estaba viviendo, y lo plasmaba en el cuaderno.

Así fue también como a los dos o tres días de estar sola me llegó un mensaje de mi hermana Maricel:

_*"¡Hola! ¿Por dónde andan?"*

Y le contesté exactamente esto (en el cuaderno), ya sentía verdaderamente que trabajaba en el libro:

"Hola hermana querida. ¿Cómo empezar a contarte por dónde ando? No me fui a Brasil, se fue Carlos sólo. Yo decidí no ir, pero no nos peleamos ni sucedió nada malo. Fue complejo tomar la decisión y más aún decírselo a él, pero ahora estoy muy bien. Yo sentía que no tenía ganas de hacer ese viaje. Se aproximaba la fecha y no tenía deseo de preparar las maletas, siendo que me encanta hacerlo, ya que es lo que me hace sentir de viaje, mi actividad favorita (ese era el síntoma principal)."

Y me decía a mí misma que no era lo que necesitaba en ese momento.

"Algo dentro de mí hace tiempo que me hace ruido, es como un llamado a otra cosa, algo espiritual, por ahora no lo sé explicar, desde hace tiempo lo siento. ¿Te acordás? Tengo ganas de estar sola y no puedo distraerme más, tengo que buscar y

descifrar qué es. No necesito que me entiendas, sólo si podés acéptame, y si querés, acompáñame desde el amor; te puedo decir que lo mismo me siento de viaje, a mi interior, y sin maletas".

También recibí en una ocasión un mensaje al celular de una amiga que me preguntaba: _'*¿Qué tal Bahía?*'

Yo no sentía deseos de contestarle en ese momento por lo que estaba pasando, porque corría el riesgo de desconectarme conmigo misma, prestando atención en dar explicaciones al exterior, pero sí necesité contestarme. Tomé el cuaderno y escribí:

'Querida amiga, no sé qué tal será Bahía. No me fui, pero conocí un lugar espectacular y es especial, está al alcance de todos. No necesitas dinero, ni puntos, ni pasaporte; yo tenía la llave, está en mi interior. Ahora no me quiero ir, lo quiero habitar, es de cada uno, no se puede vender ni comprar, nos pertenece por ley natural; nadie te lo puede usurpar y se puede llegar sin viajar a ningún espacio físico. Ahí donde estás, en silencio, apagando la mente, dejando de criticar y juzgar, allí está el regalo más grande que uno tiene para con uno mismo y para con el mundo; la riqueza más grande, que es la alegría del ser, la virtud de dar y amar… la plenitud real'.

Así, sólo me enteraba de lo que era imprescindible saber, lo demás sobraba en ese momento. Seleccionaba lo que quería saber en mi mente, sentía como si hubiese puesto un guardia en la entrada de ella, ya que sólo necesitaba información de adentro hacia afuera y no al revés; las demás noticias no eran esenciales en ese momento de mi vida, nada iba a cambiar, sólo me llenarían la cabeza de ruidos, quejas, miedos y trivialidades. Nada productivo, sólo contaminar; la noticia que fuera necesaria la dejaría llegar. Eso pensaba.

Como cuento más adelante, prefería buscar en internet cosas que concordaran con mi estado, y así fue como encontré algunas películas relacionadas a un cambio de vida y empecé de a poquito con ese mi viaje hacia adentro, un viaje con el cual empecé a reencontrarme.

En esos días también leí esta frase que me resonó mucho: *'Todos queremos que las cosas permanezcan casi igual, aceptando vivir en la ficción porque le tenemos miedo al cambio'* (de la película *Comer, Rezar y Amar.*)

Y me respondía que sí. Es así, pero yo ya no le tengo miedo al cambio -eso sentía-, sin saber a la profundidad que me iba a llevar. Así fue como confié en qué era lo que necesitaba, y distintas cosas me fueron llevando a la conclusión de que todo está ahí para que nosotros lo descubramos, para que tengamos lo que necesitamos.

El verdadero problema es que andamos distraídos por la vida buscando cosas que quizás son de otros; vivimos la vida de otros, nos frustramos y renegamos. Protestamos porque la insatisfacción crece día a día, somos víctimas; nos desencantamos y nos desencontramos.

Me pregunté cuál serían las palabras con las cuales me identificaría, y escribí: *"Buscar", "cambiar", "ser" y "amar".* Más tarde comprendí que las tenía que poner en práctica exactamente al revés de cómo me habían surgido. O sea, tenemos que amarnos para poder así recién amar; entonces lograr ser, cambiar y empezar a buscar dentro de cada uno; *"tu verdad"*, la que te hará cambiar *"tu realidad"*.

Entonces me decía: *'Bueno, empezaré a trabajar el amor a mí misma'.*

Junté todos los libros que durante años había comprado, porque me llamaron la atención, pero no los leía por falta de tiempo o de concentración. Los junté todos y cada día tomaba el que sentía que me iba a decir algo, que me diera una pista para buscar dentro de mí, y así sucedía.

No llegué a leer nunca un libro completo en esos 15 días; me dejaba llevar por la intuición, y les aseguro que de ese libro algo productivo sacaba, algo que me hacía vibrar de emoción y tomar conciencia de algo dormido en mí; todos esos libros llegaron a mí en diferentes momentos de mi vida por casualidad.

Ahora entiendo por qué los busqué, por qué los encontré, por qué los compré, por qué me encontraron y por qué estaban allí esperándome, y que en realidad no es por casualidad sino por causalidad.

> ***No es lo que tú sacas de los libros lo que te enriquece tanto, sino lo que hará cambiar tu vida, es lo que los libros logran sacar de ti.***
>
> *(Extraído del libro El Monje que vendió su Ferrari)*

Mi deseo es que este libro que estás leyendo logre sacar de ti algo que esté dormido, quizás sin animarse.

Es decir, que ellos no te enseñan nada nuevo, sino te ayudan a ver lo que ya está dentro de ti. Sirven para despertar algo dormido en tu interior. El motor está dentro de ti, muy adentro;

cuando funcionas con ese motor lo externo no te acosa, lo tomas o lo dejas. Cuando lo tomas lo disfrutas realmente porque vos decidís, ya no lo haces por el impulso de las publicaciones, ofertas o comentarios.

Ya no sos preso de lo externo, lo tomas y usas cuándo y cómo vos querés, porque cuando estás inseguro de tus gustos te atrapa lo externo, satisfaces al ego y luego viene el malestar, y es simplemente porque no eligió tu ser, eligió tu máscara, tu disfraz; quizás sea difícil verlo porque es a un nivel inconsciente.

Desde que naces, quizás, conoces esa máscara que es tu ego, ese demandante prepotente y crítico, pero recuerda, no es tu verdadero ser. Hasta tu nombre pertenece al ego, te lo eligieron seguramente con amor y con la mejor intención. Puedes estar o no de acuerdo.

Funcionar así hace que no podamos sentir la esencia de lo que verdaderamente estamos hechos: el amor. Ese motor interno empezó a funcionar en mí, estaba apagado hacía tiempo y no podía arrancar.

Las razones para ser feliz son más las internas que traemos a este mundo, que las externas, y tienen que ver con nuestro espíritu; somos seres espirituales con una experiencia humana, y no seres humanos con experiencias espirituales aisladas; ahí está el error, ahí empiezan los malestares.

Escucha tu interior para transformar tu realidad

"Escucha tu interior, tiene mucho para contarte, para que descubras y te conozcas". Esa frase la escribí una noche que me

desperté sobresaltada con este mensaje en mi mente y con la necesidad de levantarme para escribirlo.

Una de las primeras cosas que encontré fue el deseo de escribir este libro. Vibré con cada célula de mi cuerpo cuando lo sentí. Por un lado, por la satisfacción de crearlo, y por otro, por la alegría y felicidad de poder transmitir un mensaje que inspire a alguien más a buscarse. ¡Fue maravilloso! Pude sentir las cadenas que se rompieron cuando apareció la idea… ¡Fue mágico, increíble! Me regocijo al recordar ese momento.

Exactamente esto escribí sentada en un bar, después de salir de la sesión con la psicóloga, con la cual había acordado una cita, cuando decidí no irme de vacaciones.

"Estoy sintiendo dentro de mí algo. ¡Mmm… qué rico! Está relacionado con ese malestar de hace tiempo, como que viene a sanar eso. Siento que a través de este llamamiento que estoy sintiendo hacia algo "superior", y tras sentir de estar en sintonía con la vida, y de tratar de empezar a vivir a través de mi ser y dejar de lado cada vez más a mi ego; como por arte de magia empiezo a sentir mi cambio, lo estoy saboreando y desde adentro algo grita: ¡Quiero escribir un libro! ¡Sí. Un libro!"

Era como si dos personas hablaran y se contestaran: escribirás un libro donde puedas contar esta vivencia, y tal vez, ayudará o inspirará a los demás.

Lo primero que viene a mi mente son mis hijos, pero enseguida aparecen todos mis afectos y el mundo entero. Hasta empecé a imaginarme la portada, y seguía escribiendo en el cuaderno que me acompañó durante esos días como amigos inseparables. Sentía que mi centro creativo estaba encendido.

...Y seguí escribiendo.

"Siento que estoy en caída libre; algo explotó en mi fachada. Vuelan los ladrillos y los cristales y salgo disparada. ¡Qué maravilloso, Dios mío! Siento que habla mi ser y le dicta a mi corazón".

Recuerdo a mi terapeuta cuando desde hace un tiempo yo le decía en algunas sesiones que sentía que había algo que me hacía ruido. Me decía: *"Busquemos. Hay que buscar. Debes seguir buscando con paciencia".*

Eran palabras alentadoras y yo le preguntaba si no tendría que hacer alguna técnica de regresión para lograr ver qué era lo que me pasaba, lo que yo arrastraba de hace tiempo. Ese ruido de fondo, ese malestar, ella me respondía que lo que había empezado a hacer naturalmente, como transcribir lo que iba sintiendo y poniendo en práctica, lo que me había propuesto como el silencio y conectarme con la naturaleza, me iba a llevar a la regresión, que confiara... y así sucedió.

La física de la búsqueda:

Es una fuerza de la naturaleza que se rige por leyes tan reales como la Ley de la Gravedad. Las reglas de la física de la búsqueda, dicen algo así: si tienes el valor de dejar atrás todo lo que te proteja y te consuela, lo cual puede ser desde tu casa hasta viejos rencores, embárcate en un viaje en búsqueda de la verdad, sea interior o exterior; y si estás dispuesto a que todo lo que te pasa en ese viaje te ilumine, ya que todo lo que encuentres por el camino te enseña algo; y si estás preparado, sobre todo, a afrontar

y a perdonar alguna de las realidades muy duras de ti mismo, entonces la verdad no se te ocultará.

(Texto extraído de la película Comer, Rezar, y Amar).

Y así fui sintiendo lo que sucedía. Aquí aparece mi otro mensaje, que se puede lograr en forma natural, sin drogas, ya que las drogas aceleran procesos y pueden provocar frustraciones, que cuando de golpe se detiene y la realidad te golpea nuevamente, es ahí cuando se gesta la dependencia; además, los logros no serán permanentes.

Era muy liberador sentir esto, porque era un mensaje que procedía de mi corazón y no de mi cabeza, sin juzgar. Yo sentía que era canal de mensajes que venían de una fuente de sabiduría totalmente interior, alejada de los pensamientos condicionados por la sociedad y el deber ser.

De este primer viaje sin maletas, traje regalos. Como por ejemplo, el deseo de materializar este libro, la creación de un mantra (más adelante les cuento), y logré mucho amor para mí y para dar a los demás.

Encontré mi verdadera esencia, mi verdadero ser y también pude ver cómo la mente va apagando, al pasar los días, todo lo que sientes, como tu verdad por miedos, prejuicios o suposiciones.

Pude observar claramente el mecanismo que nos va apagando interiormente, adormeciendo al ser, y así vivimos dormidos. Si tu entusiasmo es tal y trabajas en ello, y entrenas la mente y la nutres con cosas buenas, este deseo no se apagará y siempre estará ahí esperándote a que hagas algo por él, para que avives esa llama que a veces se extingue; te vas a sorprender cuando se avive otra vez.

> ***"Cuando te inspira un objetivo importante, un proyecto extraordinario, todos tus pensamientos rompen sus ataduras, tu mente supera los límites, tu conciencia se expande en todas direcciones y tú te ves en un mundo nuevo y maravilloso; las fuerzas, facultades y talentos cobran vida y descubres que eres una persona mejor de lo que habías soñado ser".***
>
> **Patanjalí**
> (filósofo indio)

Y les puedo asegurar que tal cual fue como lo definió ese filósofo, lo que sentí en ese momento. Después -leyendo- encontré ese párrafo que lo define así, y me llené de felicidad al sentirme comprendida; es una vivencia extraordinaria el momento en que uno siente que se rompen las cadenas que atan los pensamientos limitantes.

'Esta paz interior que no llegaba, ¿a qué más se deberá?', me preguntaba.

Buscando, encontré cosas de niña que uno oculta o anula inconscientemente para no sufrir, pero ahí están haciendo ruido en el fondo para que las tomemos y las logremos sanar; fueron apareciendo desde trivialidades como la censura de un mandato de no saber cantar y el deseo intenso, en cambio, de querer hacerlo, como cosas mas intensas de bullying y demás.

Cómo recuerdo la sensación de frío que me provocaba en mis piernas el sillón de cuero donde estaba sentada, en el momento preciso en que la estructurada y condicionada maestra de canto me dijo que yo no sabía cantar, y que por lo tanto no podía participar mas en el coro.

Consciente o inconscientemente los adultos frustramos a los niños con nuestras palabras. También encontré muy profundas situaciones de sumisión femenina, de abuso psicológico y maltrato sexual que yo había permitido; también miedos, obsesiones y muchas cosas más.

Es increíble como uno lo puede tener guardado, negado, pero en el inconsciente ahí están provocando toxicidad, los errores cometidos, complejas realidades que no queremos ver, y no entendemos todavía el por qué sucedieron; y allí están haciendo ruido casi permanentemente, pero al no detenernos a escucharlos no logramos procesarlo, por lo tanto tampoco logramos sanar.

¿Y a dónde crees que van? Al cuerpo, a manifestarse como alguna enfermedad, a transformarse en reclamos, en victimizaciones, a buscar culpables afuera y adentro; sigue la toxicidad. Había días que lloraba de emoción y otros que lloraba de dolor, pero venía acompañado de perdón, a mí misma y a los demás.

Eso era lo placentero que aparecía en esa calma: el perdón. Y pensaba: '*¿Qué me tiene que haber pasado a mí? ¿Qué le tiene que haber pasado al otro para que hayamos actuado así? Desolación afectiva de niño, quizás incomprensión. No era en contra mía y yo en contra de nadie, sino a la existencia nada* *más. Empecé a preguntarme por qué había permitido eso, y la respuesta era: falta de amor a mí misma como punto principal. Ojalá en su propio viaje cada ser humano lo pueda encontrar para poder perdonarse, y eso verdaderamente trae mucho crecimiento y mucha paz'.*

Siempre encontraba en los libros que estaban dando vuelta alrededor mío, algo que me calmaba y me hacían comprender que *"algo que parece una tragedia puede contener la semilla de la oportunidad"*.

> ***"La diferencia entre las personas optimistas y las que no lo son es la manera de interpretar las cosas que le pasan en la vida; casi todos tenemos las mismas materias primas, la diferencia es el modo en que cada uno emplea o recicla esos materiales".***
>
> (*Extraído del libro "El Monje que vendió su Ferrari".*)

Hoy, después de conocer a tanta gente y escuchar tantas historias de vida, confirmo que es tal cual que nos pasan cosas parecidas y que depende de cada quien decidir utilizar ese hecho, esa circunstancia, para crear otra mejor; ver personas sanas mental y físicamente después de escuchar ciertos hechos y situaciones que vivieron, y como las resolvieron, me fueron confirmando esto.

Mi primera práctica fue el silencio. Me inundé de silencio y entendí la frase *"el silencio habla"*. Sí. Te habla para que te encuentres. Siento que cada uno tiene en su interior una fuente universal de inteligencia que late, y para que se exprese tiene que conectarse con la *"Fuente del Universo"* de la cual somos parte; la quietud y el silencio es el cable de conexión correcto, en él hay verdadero poder. Así fue como me pasaba horas en silencio, sintiendo y actuando.

Descubrí que no debemos preguntarnos qué hacer con tal cosa o tal problema, sino preguntarnos qué *"siento"* hacer con tal cosa; es distinto el deber hacer, que el sentir qué hacer. Confiar en que lo que sentís siempre será bueno el resultado, aunque parezca que no, que todo salió mal, si lo sentiste hacer, es lo mejor para vos.

Crecemos creyendo que debemos resolver las cosas sólo con la mente, dejando que actúe nuestra estructura; no se nos enseña a sentir y obtener información del interior de cada uno, se nos enseña a incorporar información desde el exterior permanentemente y acá está la punta del ovillo que irá creciendo *"tejiendo malestares"* que nos cuesta tanto encontrar, porque entonces estamos cada vez más desconectados de nosotros mismos.

Fueron transcurriendo los días hacia lo que sentía. Me dormía con música de relajación a la hora que quería, me despertaba cuando me sorprendía por la ventana la luz del día; desayunaba rico, lo que tenía ganas, comía; me di cuenta que había pasado mucho tiempo de mi vida sin conciencia de lo que tenía deseos de comer, de desayunar, de prepararme, era lo que surgía en el momento sin sentirlo en mi día a día, entonces hacía consciente eso y disfrutaba de simplemente preguntarme qué tenía ganas de saborear ese día.

Estaba de a poco encendiendo las luces interiores

Y fui despertando de a poco, día tras día, a la conciencia de las cosas. Las empezaba a ver con otra perspectiva, dándole valor a cosas que realmente sentía y quitando las que no lo merecían.

Así empecé a soñar, a animarme a sentir y a seguir soñando, primero con un mundo mejor, después empezaron a aparecer cosas que deseaba, pero que por el deber ser y por miedo, ni las imaginaba.

Un día me irrumpió el deseo de viajar en un "*motohome*", la verdad no sabía en dónde estaba guardado eso. Hoy sí sé que estaba adentro en esa oscuridad, lo que pasaba es que no me animaba porque los miedos no lo alumbraban, y cuando me animé a sentir apareció de golpe en mi mente y mi corazón.

Cuento la anécdota porque realmente hubiese negado que estuviera en mí ese deseo, no era compatible con mi personaje estructurado y lleno de miedos. Más adelante contaré detalladamente sobre ese sueño porque sigo trabajando en él y comprendí que eso estaba vibrando a una frecuencia a la cual yo no lo hacía, que debería evolucionar mucho más para que eso llegara.

También comprendí que verdaderamente lo único que me iba a llevar de esta vida es lo que vivimos y ninguna otra cosa, entonces empecé a sentir y a tomar las decisiones adecuadas, porque nuestra verdadera vida es cuando estamos despiertos en nuestros sueños.

Si miras sólo hacia afuera, sueñas. Si miras hacia adentro, despiertas. Lo ideal es estar despiertos en nuestros sueños.

Cuando la soledad se llena de tus sueños, de tus intereses, aun cuando se llena de miedos, te pones a trabajar sobre ellos y surge un romance único y duradero.

En la soledad se producen las grandes revelaciones, las grandes comprensiones; lo más importante de la vida sucede en soledad: nuestra llegada y nuestra partida es en soledad. Entonces, entenderemos que tenemos definitivamente que aprender a estar en soledad y felices, aunque sea hermoso compartir; una cosa no invalida la otra.

Comprendí que mi propósito debía ser feliz por mí misma y luego compartir esa felicidad, con él o los que sean: amigos, pareja, familia o cualquier otro afecto.

Es verdad que la voz que te habla en soledad a veces es tediosa, pero está en nosotros no escucharla y cancelarla, porque eso nos lleva al pasado y al futuro. Creer que uniéndonos a otras personas vamos a ser felices sí o sí, es equivocado.

Entendía de a poco lo que me estaba sucediendo y comprendía que somos nosotros los responsables de conquistar y lograr nuestra propia felicidad por uno mismo. Ahí está el secreto. Sentir que puedes ser todo aquello que quieras ser y que por años postergamos, esperando que venga desde afuera.

Mirando hacia afuera proyectamos nuestros sueños, pero es en el interior despierto donde encontramos el mejor estado, no desde el ego sino desde ese lugar personal de cada uno de nosotros, donde se siente que la vida vale la pena ser vivida, no adormecidos sobreviviendo, consumiendo, presos del acoso del consumismo sin sentido, y eso no quiere decir que no haya que adquirir cosas.

Me reconozco ambiciosa, me encantan los adornos y adornarme, pero que la ambición sea con sentido, no esperando que las cosas externas nos hagan felices, sino nosotros sintiéndonos felices las elijamos, desde ese lugar, no a la inversa, creyendo que adquiriendo cosas se despertará esa felicidad.

Disfrutemos de las cosas y elijámoslas con conciencia y que éstas potencien esa sensación de felicidad, que eso sea lo que verdaderamente te gusta, y no el tener por tener. Empecé a prestar atención en la cantidad de cosas que tenía, porque culturalmente o socialmente se supone que hay que tener, pero que yo la verdad no elegiría, y así fue como más tarde fui decidiendo dejar de trabajar tantas horas para ganar más vida y ocupar ese tiempo en otras cosas.

Entendí y sentí que viviendo obtienes el dinero que necesitas, y que vivir significa tener tiempo para estar presente en un montón de cosas, que si estamos sobrepasados de obligaciones no las podremos contemplar; no tenemos idea de la cantidad de cosas que nos perdemos y no disfrutamos.

Muchas veces nos enloquecemos generando dinero y después ni lo disfrutamos porque nos superan los problemas, y hasta perdemos el sentido de lo que queremos. Una mente que permanentemente desea, esta atada al sufrimiento. Es bueno que entendamos que el dinero no da seguridad sino posibilidades, y es una energía sumamente necesaria pero generada desde otro lugar; esa seguridad debe provenir del interior para que cuando cambien las circunstancias externas, por el motivo que sea, no nos afecte interiormente y podamos seguir enteros, fuertes y felices a pesar de lo que suceda afuera.

Como no nos conocemos, eso nos da inseguridad y buscamos equivocadamente seguridad en el dinero a cualquier precio, hasta haciendo durante toda la vida lo que no nos gusta con tal de tenerlo.

"Las cosas no se pagan con dinero, se pagan con tiempo de vida, que tenés que usar para tener ese dinero".

Pepe Mujica.

Y me empecé a preguntar: '*¿Cómo enciendo más esas luces interiores que ya se habían empezado a encender?*' Quería seguir encendiéndolas todas.

Era demasiada incertidumbre de lo que iba a pasar de ahora en adelante, de qué iba a sentir y si iba a poder o no llevar esta situación adelante; la verdad que fue sorprendente y lejos de estar en crisis tenía un entusiasmo por lo que sentía que no paraba de escribir, era como un volcán en erupción.

Por precaución, saqué turno con la psicóloga durante esos días de soledad, que en mis crisis me había apoyado. Recuerdo el primer día que acudí a la sesión: ya llevaba aproximadamente 20 páginas escritas de lo que iba sintiendo. Al escuchar esto, ella me alentó más para seguir haciéndolo. Me había pasado años analizando situaciones y ya no quería analizar más.

_*"Quiero sentirme"*, le dije, y con un tono desesperado y amenazante le pedí que me acompañara en estos 15 días para vigilar mi proceso. Si creía que no estaba en condiciones de poder acompañarme fuera sincera y me lo dijera, porque era muy intenso lo que sentía, y le expresé:

_*"Creo que tengo agarrada la punta del nudo que mucho tiempo no pude desatar, y no quiero que se me escape".*

Ella, con toda su paciencia, me dijo que se trataba de un "*nudo identitario*", y que estaba dispuesta a acompañarme si era lo que yo quería, aunque sólo hizo falta una sesión más; yo me sentía segura y consciente de que estaba en el camino que hacía tiempo quería tomar y transitar, a pesar que era totalmente desconocido.

Y así transcurrieron los días haciendo lo que sentía. Me conectaba mucho con la naturaleza, tomaba sol, iba a caminar al parque donde a veces me quedaba tiempo sentada debajo de algún árbol a observar, a observarme, a sentir la naturaleza en mí, con la plena conciencia del momento presente, o trataba por lo menos de lograrlo; sucedían cosas que me sorprendían.

Wayne Dayer hablaba de que volver a la naturaleza es una forma de encontrar el objetivo de la vida y entendí que es la naturaleza de nosotros mismos de dónde venimos y que lo logramos conectándonos con la naturaleza en general del Universo; es un medio que nos sensibiliza y nos permite conectar con nuestro interior porque somos parte de él, somos una porción de ese gran pastel cósmico.

Práctica de la no interferencia

Aprendí también sobre "*la no interferencia*" de las cosas sobre el "*no cumplimiento*". O sea, no practicar los "*cumplo y miento*", sino hacer las cosas porque las siento sin mentirme, ni a mí ni a los demás. Yo fui criada en el cumplimiento y no en la práctica del sentir, no importaba lo que se sentía, había que hacer tal y cual cosa porque así era, por el qué dirán y por miedos; entonces, me propuse en esos días hacer las cosas por mi voluntad; si no tenía ganas no lo haría y así algo bueno sucedía.

Con auto-crítica me preguntaba sobre cada cosa si realmente sentía hacerlo; si no, lo dejaba para otro momento tratando de no tener culpa y miedo.

El secreto de poder lograrlo fue en pensar que sólo me importaba este primer paso, sin dejarme invadir con el cómo haría después con todo esto más adelante. Empecé a estar mucho en el momento presente y a comenzar a abrazar de a poco la incertidumbre; entendí que me debía hacer aliada de ella, compañera de ahora en adelante.

Empecé a poner en práctica *"la no interferencia"*. En uno de esos días le mandé unos remedios a mi hija Camila que estaba viviendo en México, con la mamá de una amiga de ella, porque estaba con gripe. Armé el paquete y le puse una carta donde contaba a mis dos hijos lo que me estaba pasando.

Resulta que Camila no buscó enseguida el paquete, se demoró y empezó a sentirse bien. En un mensaje le pregunté sobre por qué no recogió lo que le había enviado, y me contestó diciendo que la habían mandado a trabajar a un lugar tan lindo y con tan buena energía que se había mejorado, por lo que no le iban a hacer falta los medicamentos.

Le insistí en que tenía que tomarse los remedios para que evitara una recaída. Fue en ese momento que me di cuenta que estaba practicando una interferencia y lo que en realidad quería era que recogiera el paquete porque en él iba la carta; también sostengo que en un buen lugar donde ella estuviese cómoda y con buena energía no le harían falta los medicamentos.

Entonces, en ese instante tomé conciencia de lo que estaba por hacer, me detuve y le escribí: -"*Hija, qué bueno que te sientas mejor*".

Nunca mencioné el paquete para no interferir, dejando que se reúna con él cuando tuviera que ser el momento, lo aprendí y es muy bueno; si algo no se da es porque no es el momento adecuado.

Nosotros estamos acostumbrados a forzar las cosas. Si no sentimos que no nos importan, es porque creemos que todo depende de nosotros; no somos conscientes que hay una energía inteligente organizadora de todas las cosas de la cual formamos parte y que es la energía en la que fuimos creados.

Yo no entendía qué era eso de no hacer nada. Tuve que volver a leer la ley del menor esfuerzo de Deepack Chopra, en su libro de "*Las siete leyes espirituales del éxito*". De a poco empecé a entenderlo y a sentirme más tranquila; comprender que no estaba sola y que no todo dependía de mí.

Comencé a sentirme relajada y feliz, a disfrutar el momento presente y a darme cuenta que por ahí iba el tema de encontrar esta paz interior que buscaba. Empecé a sentir que no tenía que empujar la vida, que tenía que confiar y dejarme llevar por lo que realmente sentía sin interferir; y aprendí que interferir es hacer las cosas por el deber ser y por miedo, y no porque lo sentís realmente.

Así fue como a la semana me desperté con un mensaje de mi hija diciéndome que había ido a buscar el paquete y que había dedicado todo el desayuno a leer tranquilamente mi carta. Su comentario me hizo llorar de emoción al tener una conexión absoluta con ella; pude sentir su amor cuando me hablaba y charlamos con mensajes un largo rato.

Entendí definitivamente que si yo le infundía miedo para que fuera a buscar los medicamentos, argumentando que podría enfermarse si no los tomaba, iba a ser nada más que una interferencia y la carta sería leída en un momento inapropiado, por lo cual no iba a haber tal contestación de su parte. Además, le iba a inducir el miedo a la enfermedad.

Empecé a tener conciencia de cómo interferimos con la naturaleza por miedo a lo desconocido sin dejar que se exprese, nos creemos imprescindibles y actuamos para que sucedan cosas, y cuando vemos que no son los resultados deseados aparece el malestar y no sabemos por qué.

Empecé a pedirle al Universo que no quería más interferir en las cosas y sucesos, y acá es donde llega mi creación -como dije anteriormente-, mi mantra y segundo regalo que traje de este viaje al interior.

"Universo infinito, haz que mi ego y mis miedos desaparezcan y mi ser sienta; te prometo que sólo me ocuparé de dar amor".

EMILIA VALETTI.

Recuerdo que mientras repetía y escribía este mantra lloraba de emoción, y la energía aparecía por donde tenía que aparecer en esta oración y no gastarla en forzar situaciones. Es lo que se llama libertad creativa, y cuando estamos ocupados permanentemente en interferir esa energía no se expresa y queda atrapada en un murmullo, haciendo ruido en nuestro interior.

Y así fue como posteriormente empecé a aplicar "*la no interferencia*" en innumerables situaciones. Actualmente, cuando intento interferir repito este mantra -que fue creado en un momento de mucha conexión espiritual- y me relajo, me tranquiliza, me devuelve a mi eje.

Aprendí que si bien tenemos que hacer cosas, porque es a través de nosotros que sucederá, nos debemos desapegar del resultado, porque el que imaginamos posiblemente no es el adecuado.

Hoy soy consciente de lo que prometí. La promesa más difícil que hubiese imaginado es dar amor. No te asombres. Parece lo más fácil y natural y a mí era lo que menos me había costado hasta ahora; pero hacerlo en situaciones extremas, donde inclusive te están haciendo daño o no están actuando simplemente con amor hacia vos, el desafío es más grande.

Estaba acostumbrada a hacer promesas desde niña, pero con respecto al deber ser, bajo la culpa y el miedo, bajo la mirada de la religión; por ejemplo, no comer cosas dulces con sacrificio y castigo sin hacer el bien a nadie, o privarse de diferentes cosas por un tiempo determinado, ayunos, etc.

Pero esto que me estaba proponiendo era inmenso y desafiante. De a poco continué aplicando "*la no interferencia*" en distintas situaciones de la vida cotidiana, porque de verdad que interferir con las cosas es un mal hábito que uno tiene y hay que erradicar y entender que no hacer es muchas veces "*hacer*".

No lo entendía y no podía ponerlo en práctica. Hay que dejar que las cosas sucedan, que la inteligencia organizadora del Universo actúe, ya que esa energía es la misma con la que fuimos creados y todo lo acomoda tal como tiene que ser.

Pero no es fácil ponerlo en práctica, creía que casi todo dependía de mí, si no me consideraba desinteresada o vaga, y así es cómo vamos torciendo las cosas y renegamos porque los resultados no son los que verdaderamente desea nuestro ser, sino que serán los de la mente controladora.

Tenemos que alentar a nuestro ser interior a relajarse, conectados con nuestros verdaderos deseos y sintiendo como si ya estuvieran cumplidos, con la satisfacción de haberlo logrado con un auténtico sentimiento de gratitud; les aseguro que se sorprenderán de este nuevo aprendizaje, el del lenguaje con esa energía. No se trata de palabras sino de vibraciones.

Otra de las cosas que sucedieron con respecto a no interferir y sentir, es que sin que yo mirara ningún noticiero, me enteré de la única noticia que realmente era necesaria para aconsejar a mi hija.

Fue precisamente sobre el asesinato de dos chicas argentinas mendocinas, en Ecuador. Las demás noticias no eran esenciales, no modificarían mi vida, ésta sí. Tenía que hablar con Camila.

Ese día me subí al auto para ir a la sesión que tenía programada con la psicóloga. Estaba encendida la radio del auto y en el mismo momento en que lo abordaba escucho la noticia, que lejos de meterme miedo por Camila, que tenía justo la edad de esas jóvenes; lo tomé directamente de otra manera, lo cual me sorprendió.

Cuando volví, sentí deseos de escribirles desde el corazón a esas chicas a las cuales habían privado de su vida, y puse en mi cuaderno esto:

"Cierta parte del mundo es caótico, no nuestras vidas. El verdadero error es que nosotros nos atamos emocionalmente a ese caos. Les deseo que descansen en paz María José y Marina, que hayan regresado a la "Fuente Divina" de amor de la cual provinieron".

Quería llamar a Camila para hablar sobre el tema. Verdaderamente no sentí miedo porque ella estaba viajando, quizás con el mismo espíritu libre como el de ellas; fue un gran avance para mí. La fuente de amor seguramente me protegió a mí también para que pudiera dormir sin miedo.

Al día siguiente tomé el teléfono y le hablé a Camila, por supuesto que cuando le dije que era para comentarle de este suceso, me respondió así: *"Mamá, ahora todos los padres nos hacen tener miedo, los noticieros hablan de más".*

Yo le dije que sólo le llamaba para que tomara precauciones y pudiera seguir disfrutando de su libertad. Si negamos lo sucedido por el deseo de que no existe podemos caer en esas situaciones indeseadas; en cambio, hablándolo y tomando recaudos estamos previniendo, que hay un mundo posible de disfrutar, y que en verdad son dos caras de una misma moneda.

Le leí lo que había escrito a las chicas, y sorprendida me dijo: *"Mamá, no puedo creer que estés pensando así. ¡Qué lindo! Pensé que me ibas a llamar para llenarme de miedo".*

Si en su crecimiento yo había actuado la mayoría de las veces como actuaron conmigo, manipulando por miedos para que no hiciera tal o cual cosa, le respondí que yo sólo la quería aconsejar, que no negara que lo malo existe y que se cuidara.

Por eso digo que la noticia que sea necesaria que conozcamos, llegará. No te contamines con tantas cosas, confía. Si no confiamos creeremos en todo y viviremos en caos; en cambio, le damos la oportunidad de que sea revelada la inteligencia divina.

Estaba llegando a lugares inesperados con mi viaje. Mejor dicho, estaba llegando a lugares esperados y deseados tanto tiempo por mí.

Hoy si sé que se puede llegar a lugares increíbles, sólo hay que animarse a sentir y ver en cada suceso el mensaje. Es muy fácil andar por la vida con los ojos cerrados, quejándonos e interpretando mal todo, que nos lleva por un camino indeseable y lleno de desencuentros.

Diferentes cosas pasaban cada día, esas que con el correr del tiempo las vemos insignificantes, pero que tienen tanta importancia como el que te hagan dar cuenta que algo no te pertenece, que no es tuyo, que es de tus padres, los que estuvieron cerca en tu crecimiento; de tus maestros, de la gente que te rodeó en general mientras crecías, y no precisamente fueron mal intencionados, sino que no puede ser de otra manera.

Reconozco que yo también lo hice con mis hijos y con aquellos que me rodean; es decir, no es que lo hiciera deliberadamente sino que lo adopté como propio, pero ahora ya es tiempo de volver a reconocer y deshacernos de lo que ya no es nuestro.

Aceptar cada error y reinventarnos es la responsabilidad de cada uno.

El problema no está en equivocarnos porque de eso se aprende, sino en repetir constantemente los mismos errores, ya que eso significa una falta de conciencia de las cosas, y hay una fuerza cósmica que los atraerá hasta que lo aprendamos y lo hagamos consciente.

Sentir y reconocerte

En cierta ocasión, cuando sentada bajo los rayos del sol leía relajadamente en el patio disfrutando del piso de madera que había colocado Pablo cuando estuvo de visita, recordé el amor y empeño que le puso al realizar su trabajo.

Lo había visto trabajar pero no había podido disfrutar ese momento con él. Yo estaba muy ocupada en ese entonces, y además no conectaba con el momento presente; cuando llegaron las imágenes de ese instante a mi mente no pude más que entender hasta ahora la energía positiva dedicada por él.

Esa visión del pasado me hizo sentir ese amor, disfrutando -juro- como si estuviese en las mejores playas del mundo; el placer interior que yo sentía era inexplicable, en un patio pequeño sólo sintiendo… sólo disfrutando.

En ese momento me doy vuelta y veo un gato que me observaba desde un muro a una distancia muy cercana de mí, lo cuento porque yo creía tener fobia a los gatos, por lo cual no podía estar cerca de ellos porque me erizaban toda la piel, un rechazo enorme que no sabía de dónde provenía; estaba tan conectada con la *"Fuente"*, con la naturaleza que me detuve a preguntarme por qué me causaba eso.

Mirándolo, sin reaccionar como observadora de lo que estaba sintiendo, empecé a darme cuenta que esa fobia no era mía, era de mi madre, lo hice consciente recordando las veces que ella corría a los gatos, por el pánico y desprecio que les tenía, y que eso influyó en mí.

Me acerqué un poco más y ningún rechazo me provocaba.

Entonces, entendí que vamos adoptando cosas y cargando con situaciones que no son nuestras; esto es sólo un ejemplo. Hay que vaciarse para volver a llenarse de uno mismo.

Como este ejemplo, un montón de anécdotas frustrantes que podría citar; quizás no sienta atracción por los gatos pero tampoco siento rechazo, tan es así que ahora los puedo alzar en brazos; siento amigarme con la creación.

Reflexiones sobre la muerte

Un recuerdo del pasado me hizo sensibilizarme y sentir la necesidad de reflexionar y escribir sobre la muerte. Ese episodio que muchas veces nos hace despertar de golpe cuando a alguien cercano le sucede, y otras veces nos pasa inadvertido sin despertarnos, pero aun así nos genera ciertas sensaciones.

Esta necesidad surgió porque me conecté con la muerte de mi padre fallecido. Habían transcurrido más de 10 años del deceso y a mí me había pasado algo en esa ocasión que me sensibilizó. Después de recibir la noticia, que fue como un shock por lo repentino del suceso, en medio del velatorio y la tristeza inicial, empecé a sentir una felicidad interna.

No lo entendía, aunque no sentía culpa porque sabía que era desde el amor hacia él… hoy sí entiendo de qué se trata.

Esto es lo que escribí. Después de leerlo varias veces me di cuenta que me lo escribía también a mí.

"Mi papá se murió de un infarto sorpresivamente. Seguro que si se salvaba cambiaría de vida, es lo que cualquier médico aconseja.

"¿Por qué esperar algo así para cambiar cuando ya hubo suficientes síntomas previos? ¿Será porque así la sociedad y el entorno justifica el cambio y necesitamos de esa justificación para animarnos? Es la locura de la sociedad y de la estructura familiar por lo que en muchas ocasiones vivimos mandatos, compromisos, cumplimientos (cumplo y me miento).

"Yo siento que tengo el valor para cambiar sin necesidad de sufrir un infarto. Estoy segura que si mi papá se hubiera salvado todos estaríamos de acuerdo en que debería dejar su trabajo y cambiar de actividad; deseo que expresó él varias veces, inclusive dejar de ir al psiquiatra. Recuerdo que alguna vez había dicho que pondría un kiosco con tal de no ir más al escritorio, así llamaba a su trabajo, y su hermano y socio le respondía que no estaba a su altura eso.

Nadie lo escuchamos y no supimos ayudarle. Cada quien inmersos en sus ritmos de vida que no nos alertamos; el psiquiatra lo medicó por depresión -claro-, así todo estaba bien. ¡Qué enferma sociedad, qué enferma estructura! Pastillita tras pastillita para acallarlo, enmudeciendo el grito interior, el grito de libertad.

Recuerdo la última conversación telefónica con mi papá: "Hija, quiero que seas feliz, yo ya hice mi vida, algo así, como ya está".

"Era como un mensaje de despedida o tal vez de libertad".

"¡Te moriste papi! No pudiste más, rompiste las cadenas, te fuiste a vivir en paz y todos te lloraron y lamentaron... y nada más".

Yo estaba feliz. Esa noche quise brindar; todos me miraron mal. No entendían qué estaba haciendo. Yo del todo tampoco, recién ahora lo entiendo. Sólo me animaba a hacer lo que sentía, festejaba la libertad de mi padre; nadie lo veía... quizás yo tampoco.

Sentí que lo amaba tanto. Me arrepentí de no habérselo dicho en vida. Creo que ese día inconscientemente lo decidí: ser feliz sin importarme el qué dirán. Me llevó años entender todo lo que sentía en ese momento, esa necesidad de festejar me llevaba a cuestionarme si necesitaba la no mirada de mi papá para vivir, pero no sentía que así fuera.

Ahora entiendo que no tenía que ver conmigo, sino que yo sabía que él así iba a estar en paz. Elegiste esa forma papá, te la respeté, lo acepté y ya está.

Me llevó años entender el por qué de esa felicidad con suposiciones nada más; hoy se me aclara todo y me da mucha paz.

En la placa del panteón pusimos "*Tu ejemplo será nuestra guía*". Yo te digo que así será, pero que no siempre los ejemplos sirven para copiar, sino para enseñarnos que no debemos infartarnos para lograrlo. Tú ejemplo será mi guía: no me quiero infartar.

¡Quiero vivir la vida animándome a gritar! ¡Quiero vivir mi vida, animándome a volar!

En días posteriores seguí reflexionando sobre la muerte, lo llamativo es que escribía como si yo fuera un niño hablando de los adultos:

"Los adultos viven la muerte como una tragedia. Ese hecho a veces tan repentino, inesperado, sorpresivo, es uno de los hechos que creen que no pueden controlar, en realidad no controlan muchas cosas más; ellos creen que controlan y en realidad interfieren, ya que los controla la inteligencia creadora, pero no se dan cuenta.

"Semejante acontecimiento los pone de repente ante la realidad de ellos mismos, de que tal vez no han hecho lo que han querido de su propia vida. La persona muerta les hace de espejo de su propia vida, más allá de su dolor de saber que no verán más al que aman o a la persona que los amó; se dan cuenta que si a ellos les pasara lo mismo tienen cosas que resolver, cosas postergadas que no se animaron a realizar; es como si en ese momento despertaran de golpe a un momento de conciencia.

"Lo importante es qué estás haciendo vos cuando un ser querido muera, qué estás haciendo por vos y por los que amas.

"Tal vez, sí lo hemos disfrutado despiertos, no lloramos seguro el dolor del arrepentimiento, porque si lo hemos hecho

tendremos la certeza que ese amor no se va con el cuerpo sino se queda con nosotros en nuestro corazón. Veamos la muerte como un cambio de plano, no como una tragedia, y tratemos de vivir la vida de tal manera que cuando esto ocurra estés haciendo realmente lo que amas".

Ananda, el primo y discípulo de Gautama, Buda, estuvo sentado al lado de éste constantemente, atendiendo todas sus necesidades durante 42 años. Cuando Buda murió, dice el relato que Ananda permaneció inmóvil llorando a su lado.

Los otros discípulos le reprocharon su incomprensión. Buda había muerto totalmente pleno, así que tendría que haberse alegrado por ello. Pero Ananda dijo: "*Vosotros no entendéis. Estoy llorando no por él sino por mí, porque durante todos estos años he estado constantemente a su lado y aun así no me he iluminado".*

Ananda permaneció despierto durante toda la noche meditando profundamente y sintiendo su pena y su dolor. Se dice que a la mañana siguiente se iluminó.

Las épocas de mucho dolor tienen el potencial de ser épocas de gran transformación.

Pero al fin de que ésta se produzca debemos ir profundamente a las mismas raíces de nuestro dolor y experimentarlo como es, sin quejarnos ni teniendo pena de uno mismo.

Texto extraído del manual del juego trascendental del Zen.

Cartas del tarot de Osho.

Mi profesión

Después de estas reflexiones es donde empieza a aparecer durante estos días el cuestionamiento del ejercicio de mi profesión. Me animé a sentirlo porque necesitaba un cambio.

Mi profesión me absorbía demasiado, no me dejaba espacios para vivir como yo quería, o yo le había otorgado demasiados poderes.

Comencé a sentir deseos de no volver al consultorio (como muchas veces nos ha pasado cuando estamos de vacaciones), con una gran necesidad de cambio.

También le escribí a mi profesión:

"Gracias por haberme permitido tener libertad, por haberme posibilitado independencia personal y económica, por haberme permitido estar cerca de mis hijos mientras crecían y vivir cómodamente".

"Gracias por haberme permitido conocer la naturaleza humana en muchos aspectos: miedos, emociones, inseguridades y afectos".

"Gracias por haberme permitido devolver miles de sonrisas, muchas veces escondidas debajo de las máscaras, de los complejos, de la inseguridad, otras debajo de la angustia, del agobio y a veces del estrés de querer más y más".

"Gracias por todo y por tanto. Te di mucho amor y me lo has dado a mí, pero por ahora siento que tan juntas, ya no más. Tengo que animarme a soltar, dar paso a nuevas manos, nuevas almas que vengan a trabajar y a construir más sonrisas con amor".

Aunque siempre al ejercer la odontología sentía que también ejercía esta parte de mí que estaba dormida, no era una atención odontológica común la que yo hacía, me encantaba saber qué le pasaba a ese paciente que tenía sentado frente a mí, me desesperaba por hablar (pueden dar fe algunos pacientes que hablábamos mientras yo les arreglaba los dientes; no sé cómo hacíamos, pero juro que lo lográbamos, hacíamos terapia; me río al recordarlo).

Empecé a pensar en armar un equipo de trabajo cuando volviera. Una cosa que en el ejercicio de mi profesión me prendía la luz de alerta y me hacía de espejo de que algo no estaba bien; era que en las consultas veía cada vez con más frecuencia casos severos de bruxismo (apretamiento y rechinar de los dientes provocado generalmente por estrés) que yo le empecé a llamar *"el sostener la vida con los dientes"*.

En mi silencio y en mi profundidad me cuestioné en el sentido de que no podía seguir haciendo placas de relajación sin mirar realmente qué pasaba, sin ser consciente y despertar. Sentía la necesidad de ayudar de otra manera; tomé el cuaderno y escribí esto:

"¿Qué nos pasa a los seres humanos? ¡Por qué este apretar y apretar de dientes! Me preocupa cada vez más que sean los estudiantes universitarios los que consultan con más frecuencia, aunque también niños, jóvenes y adultos; y yo repitiendo como una grabadora que el 90% son "bruxómanos", ya casi viéndolo natural y sin reaccionar. Ya no alcanza con sólo las placas de relajación, se agrega indicación de fisioterapia, relajantes musculares. Gente... ¡hay que parar!

"Algo anda mal, esto ya es una jungla. ¿El enemigo en dónde está? Adolescentes medicados, suicidios, enfermedades psicosomáticas, autoinmunes y muchos síntomas más".

Todo eso me hacía sentir que era la frustración de no poder expresar sus talentos, de no estar haciendo por lo que fueron creados y de tener que responder a un sistema familiar y social, al deber ser, que todo eso era la causa de la autodestrucción, manifestada a nivel físico y de golpe. ¡Eran mi espejo! Mi dolor de espalda, de hombros, cervicales y mi neuralgia.

Poesía: **Implosión**

De: Silvia Rodríguez,

del libro *"Espacios de lo mío"*

Se exigen las mandíbulas

más allá de lo que pueden.

Para morder

el inmenso dedo del gigante

La rabia impulsa el movimiento

de esa boca

que se enajena y se explota así misma.

El mudo dolor no grita la frontera.

El salvaje lobo de ojos rojos

descarga sin escrúpulos su fuerza

y el cuerpo,

se quiebra.

Empecé a sentir que al cambiar yo, era la mejor ayuda para los demás, y de a poco también a sentir la felicidad de estar encontrando mi sintonía. Esa era yo, resonando lo que sentía con paz en mi interior.

Comenzaba a vislumbrar un cambio, lo empezaba a sentir y deseaba planificarlo; encontré un camino posible a la creatividad y a darme cuenta que lo estaba logrando gracias al haberme conectado al silencio, a la naturaleza y a toda su obra, que fue la energía que nos creó, y haberme desconectado del bombardeo exterior.

Así se activa el volcán que tenemos dentro; se enciende la llama del amor, del perdón, de la aceptación y te empieza a importar el momento presente y sentís mucha paz interior y mucha felicidad, pero... ¿cómo mantenerlo?, ¿cómo vivir así cuando hemos aprendido lo contrario? Obtener información permanente desde afuera y nunca sentir, sino copiar y cumplir; y acá está el desafío: decidir internamente transitar el cambio.

Último tramo del viaje

Las herramientas necesarias para lograrlo están disponibles, sólo hay que buscarlas. Es como si entraras a un galpón, están todas mezcladas y vas viendo cuáles son las que necesitas, como si fuera un juego; elegir, clasificar y usar la indicada para cada momento.

El manual está adentro nuestro, debemos leerlo con cuidado, preguntándonos con sinceridad y desde el corazón cuál necesitamos. Esas herramientas son los distintos tipos de terapias.

Tenemos el potencial para administrarlas y saber cuál usar; te va resonando, sólo tienes que confiar en tu intuición, el problema es que no se nos enseñó a hacerlo, la responsabilidad es aprenderlo escuchándonos y haciéndonos caso, y no dejarnos bombardear por tanta oferta.

Y así fueron apareciendo los aprendizajes del cambio mientras transcurrían estos 15 días. Principalmente venían a mi mente situaciones que me enfrentaban con el pasado, con el cual yo había estado muy enojada y junto con ello la posibilidad de amigarme o no, de perdonar o no. Cuántas pruebas, pero también cuántas posibilidades de vivir como lo estaba pidiendo a la vida, en paz, en amor, dando sin importar si recibo, desapegándome de los resultados.

Muchas veces tenemos libertad física, libertad de espacios dónde movernos, dónde trasladarnos, de vivir donde nos guste, pero somos prisioneros de rencores, de envidias, de amarguras, de críticas, entonces careceremos de libertad emocional.

> ***"Y mientras cruzaba el umbral de la puerta hacia la reja que me conduciría a mi libertad, supe que si no dejaba atrás mi amargura y mi odio, seguiría encarcelado".***
>
> **Nelson Mandela**

Cuando ponemos en práctica la libertad tenemos que saber que siempre vamos a renunciar a algo, porque la libertad es poder elegir, y elegir significa tomar una cosa renunciando a otra; el éxito de esto es no quedar apegado a lo que renunciamos y acá es donde ponemos en práctica la famosa palabra *"soltar"* y empezar a navegar por océanos que no existen en los mapas.

En esos océanos puede que nos encontremos con desolación, miedos, angustias, incertidumbre, pero al navegar por allí nos hace aprender lo que necesitamos para vivir otro mundo mejor con abundancia, plenitud, paz y amor. Sentía verdaderamente que no estaba huyendo de algo, sentía que estaba corriendo hacia la vida totalmente despierta.

También llegó el momento que sentí querer escribirle a Carlos. No tenía noticias de él, y estaba solo en el viaje. No quería hacerlo por el solo hecho de cumplir sino confiando que de esa manera sería el momento apropiado para los dos.

Varias veces lo intenté y borraba el mensaje porque me daba cuenta que lo estaba haciendo con la mente, por culpa, ya que no tenía claro lo que le quería expresar, y no de corazón.

Hasta que llegó el genuino deseo de hacerlo y la respuesta fue también genuina y de corazón, como lo es el resultado de todo lo que se hace desde lo más honesto y auténtico de nuestro ser, y también cuando del otro lado hay una persona emocionalmente inteligente para verlo, lo que requiere de cierta valentía en ambos sentidos.

Y así empecé a entender que si quería vivir a un nivel más profundo accediendo al verdadero núcleo de mi existencia, tenía que desapegarme del ego, romper el paradigma con el que fui criada.

Crear mi propio camino para que se exprese mi ser y vivir desde el espíritu; eso resonaba en mis adentros, pero no sabía cómo transitarlo.

A lo espiritual siempre lo había relacionado con lo religioso, pero esta vez empecé a darme cuenta que nada tenía que ver lo que sentía con la religión, era con mi Dios, el que todos llevamos dentro, quien me estaba hablando; era la semilla de la divinidad de la que hablaba Deepak Chopra en su libro de *"Las siete leyes espirituales del éxito"*, y que me había resonado muy fuerte cuando lo leí varios años atrás, pero que ahí lo había dejado durmiendo, esperando por mí.

Recuerdo que cuando lo leí mi hijo Pablo tenía 11 años, y un domingo, cuando lo terminé, emocionada me acerco a él y con los ojos llenos de lágrimas le dije: *"Hijo, nunca dejes en tu vida de buscar el propósito por el que estás en este mundo. Yo prometo ayudarte siempre para encontrarlo".*

Recuerdo que esas palabras salían con una pasión desbordada desde mi interior, como si no fuera yo la que hablaba. Así lo sentía, pero al contrario era justamente yo la que hablaba, mi ser desde la cárcel de mi estructura; era mi voz filtrándose entre los viejos y ajenos paradigmas. Él me miraba y no decía nada, no entendía qué le pasaba a su mamá que estaba emocionada; recuerdo su carita mirándome.

Hoy le cuento de este episodio y él dice que no se acuerda del momento, pero yo le digo que "quiero que sepas que esa semilla te la sembré".

Creo que cuando uno siente algo tan fuerte adentro, se lo transmites a los que más amas y más aún si se siente que no lo puedes llevar a cabo; o sea, poner en práctica en ese momento por diferentes motivos, y quieres que el otro lo pueda hacer.

También me lo estaba diciendo a mí misma. Yo sentía que

en ese momento no podía ponerme a buscar mi propósito; es más, no me animaba ni a sentirlo. Las urgencias de la vida diaria eran otras, las de criar a mis hijos en soledad haciendo de madre y padre a la vez; en muchas ocasiones me abrumaba demasiado, pero hoy sé que siempre se puede cambiar el rumbo, pero para mí era impensado, sobre todo por mis miedos.

Lo mágico es que ahora mi propio hijo hizo que se activara la semilla en mí, porque un día, antes que yo me conectara con todo esto e hiciera este viaje de 15 días sin maletas en soledad, él publicó en Facebook un comentario sobre las personas que se animan a sentir y no a copiar; cuando lo leí sentí que su semilla estaba activa totalmente y quizás reactivó la mía.

Llegó el último día de mi viaje sin maletas. Había que comenzar a transitar ese gran cambio ya sentido y decidido. Empezaba el desafío.

CAPÍTULO 3

Regreso del viaje. Reencuentros

Cuando regresé nuevamente a trabajar al consultorio odontológico, al concluir los días del viaje sin maletas en mi casa, me pregunté: ¿Cómo sigo? Una voz de adentro me decía: *'Trata de aplicar lo descubierto, lo sentido; seguir sintiendo'*. Lo que más me ayudaba era repetir mi mantra cada vez que lo necesitaba.

Comenzar a aplicar los cambios en la cotidianidad sin generar impactos, sin generar enfrentamientos, comprendiendo y siendo respetuosa de los que no pueden o no necesitan o no quieren un cambio; evitar chocar con las personas que uno comparte diariamente la vida, un camino de constante aprendizaje, grandes desafíos, grandes pruebas, complejidades, pero grandes resultados y buenas cosechas.

Empezar a compartir lo que había encontrado, lo que mi interior me había contado.

Me resultaba difícil reencontrarme con cada una de las personas de mi entorno. Por tal motivo, tuve que ser muy cuidadosa y muy cautelosa porque la reacción del entorno podría influir en mí; entonces, tuve que poner especial atención en mis acciones.

¿Cuál es la clave? Fui clara con mis palabras precisas e impecables: con amor.Los demás no deciden cambiar, es uno el que cambia, de lo contrario te toparás con cosas que pueden chocar con tu manera de pensar.

Tenía que ser auténtica con cada persona con la que me pudiera encontrar. Para mi sorpresa algunas personas más allegadas a mí ya lo sabían; mi personalidad es transparente y ya se daban cuenta de cuánto me reprimía, pero lo anormal era que yo no lo supiera.

Cuánto nos perdemos en los otros seres y vivimos a través de ellos hasta no saber verdaderamente quiénes somos.

En resumen fui clara. A cada persona de mi círculo familiar y de amistades no les permití más su opinión con respecto a mis decisiones, y para ello repetía constantemente el mensaje que yo había escrito en el cuaderno, como el día en que tuve que contestar a mi hermana en estos 15 días de introspección: *"No necesito que opinen; si pueden, acéptenme y en lo que puedan acompáñenme, es lo que yo siento. Si a ustedes les da miedo e inseguridad, son sus propios miedos y no quiero reflejarme en ellos; así que por favor, no opinen".*

Cuando uno lo dice desde el amor y en forma clara es muy buena la reacción del otro. Estamos acostumbrados a permitir y dejar entrar a cada una de las opiniones que se les ocurren a los demás por nuestras propias inseguridades; debo decir que esta nueva manera de pensar y actuar fue un paso claro, firme y fundamental en mi avance para construir el cambio.

Para evitar dar explicaciones a los demás, sólo le había informado a mi secretaria y a mis hijos de la cancelación de mi viaje a Brasil.

Tengo algunas anécdotas de cuando empecé a compartir y contar lo que me estaba pasando. Una de ella es cuando le conté a Pablo, que estaba sintiendo mucha felicidad y paz. Él, a su vez, le cuenta a un amigo en México, y me dice: *"Mamá, dame la receta secreta de la felicidad, que acá nosotros estamos 'envainados' "*. Me dio mucha gracia y le contesté: *"No hay ninguna receta, sólo tienen que animarse a ser ustedes mismos y llevarlo a la práctica"*.

En cierta ocasión tuve que viajar a Mendoza (provincia de Argentina) a trabajar en el consultorio de mi hermana, quien me preguntó: *"¿Atenderás con una túnica blanca?"*, poniéndole humor a la situación y haciendo alusión a que yo le había comentado que lo mío era un cambio hacia algo más espiritual.

En esos días de regreso a casa se desató una tormenta muy fuerte. Toda situación que se te presenta tiene un aprendizaje. Manejaba mi auto sin compañía alguna y en ciertos sectores la luz de las calles se cortaba, caían árboles, las avenidas estaban inundadas y no podía llegar a mi destino.

Este acontecimiento sensibilizó mucho mi ser y me hizo en parte despertar más a la realidad. Tomé conciencia que somos parte de esa naturaleza y que lo que estaba sucediendo ahí, ocurre también en nuestro interior: aplican las mismas leyes en la creación y en la muerte.

Primero jugué con el viejo paradigma de sentirme sola y lo relacioné con sucesos de mi vida al lado de mis hijos en total soledad, dándome cuenta que si esa situación me llevaba a esa emoción debía trabajarla porque no estaba superada.

Observaba todo con los ojos de la conciencia y pensaba: '*¿Qué me está mostrando esta situación?*' Pude leerla, sentirla y recibir su mensaje. Quiero dar las gracias a cada uno de los obstáculos en mi vida que me llenaron de bronca y de rencor en su momento, pero que fueron fuente de aprendizaje.

Todo lo que me molestaba, lo que hacía de espejo para indicar que algo no estaba bien, que quería cambiar o indicaba alguna herida invisible que no me percataba, y así pude analizarlo fríamente; y mientras agradezco, me perdono y suelto ese sentimiento difuso de insatisfacción que me llevaba a buscar un responsable.

También, conjuntamente entendí que muchas veces hay que decirle un "*no*" tajante a algunas relaciones que nos dañan; la otra persona no te lastima, tú permites que lo hagan. Entendí que si me hubiera amado más a mí misma no me hubiera pasado ni un tercio de las cosas que me ocurrieron en mi vida.

Debes perdonar. Sí. Pero a la vez tienes que dejar ir a esa persona que te lastimó y no permitir más que esté cerca de ti; eso es amarse a uno mismo, de lo contrario es un círculo vicioso que no termina jamás, y si esa persona no decide cambiar, por su forma de ser y actuar te seguirá haciendo daño. Dejarla ir desde el amor a uno mismo y enviarle amor es el desafío.

Quizás la vida es tan generosa como escuela que nos pone delante una y otra vez en la misma situación para que aprendamos. Te pone situaciones donde te vuelven a tocar las mismas heridas, para que podamos comprobar si ya están sanas. Las personas que nos rodean y con las que interactuamos son diferentes personajes en este teatro que es la vida y les toca actuar de esa manera, por eso aprendí que no me tenía que tomar nada personalmente, pero sí alejarme en los casos que era necesario.

Y está en nosotros decidir por la queja o verlo como una enseñanza y así evolucionar como personas y crecer. En cualquier acontecimiento desagradable siempre está implícita una enseñanza, y si no aprendemos de ella existe una fuerza de conciencia cósmica que hace que nos vuelva a suceder hasta que encontremos el mensaje para que evolucionemos como persona y poder disfrutar de cosas grandiosas que ni imaginamos; de no ser así, tropezaremos con la misma piedra las veces que sean necesarias hasta que logremos evolucionar.

Cada ser humano, por suerte, nacemos con el libre albedrío, que es la posibilidad de elegir lo que deseas pensar y cómo quieres vivir, pero por alguna razón de creencias culpamos a los otros de nuestra infelicidad y nos olvidamos que somos los únicos responsables de todo lo que nos pasa, porque lo permitimos. Los demás no nos hacen cosas, nosotros permitimos que nos las hagan.

Darse cuenta de esto es verdaderamente despertar a la vida, que te probará hasta ver que realmente tu mente y tu alma están sanando. Y si sigues reaccionando ante las mismas circunstancias es porque todavía están activas algunas heridas y deberás trabajarlo más.

> ***"Si crees que todo es culpa de alguien, sufrirás mucho, cuando te des cuenta que todo sale de ti, sabrás lo que es la paz y la alegría".***
>
> **Dalai Lama**

Somos creadores absolutos de nuestra realidad. Si estás convencido de que no sos capaz de hacer cosas por tu incapacidad, vas a actuar siempre en consecuencia y entonces no lo harás porque actúas según tu convencimiento, según tu creencia; pero esa no es la verdad y no podrás nunca manifestar lo que verdaderamente deseas, y lo único que obtendrás es creer que tienes la razón.

Hay que soltar los apegos y culpas, ya que son la fuente de nuestros problemas. En ambos casos la fuerza que domina es tu ego, por eso culpas a los demás o a ti mismo. Tenés que suavizarlo y que sea la fuerza de tu espíritu la que te guíe para enfrentar todo tu entorno.

Entendí que si quería realmente vivir de verdad a un nivel más profundo accediendo al verdadero núcleo de mi existencia tenía que desapegarme del ego, romper el paradigma con el que fui criada para que se exprese mi ser y me permitiera vivir desde mi espíritu.

Eso sentía que era mi deseo; eso resonaba dentro de mí, pero… ¿cómo hacerlo?

Empezaba el desafío. ¿Cómo darle forma? Sólo sentía paz cuando me lo imaginaba. Me preguntaba cómo se lograba lo espiritual, ya que siempre lo había relacionado con lo religioso, pero esta vez empecé a darme cuenta de lo que me pasaba y nada tenía que ver con la religión.

Era el Dios que todos llevamos dentro el que me estaba hablando, de la semilla de la divinidad de la que hablaba Deepak Chopra y que había resonado fuerte en mi interior, con su libro "*Las siete leyes espirituales*", que estaba esperando por mí.

Entendí que si quería vivir desde un lugar más profundo y a la vez mas elevado, debería trabajar mucho más.

Inmersa en todo lo que me acontecía, decidí llamar a mis hijos para contarles este nuevo renacer de mi persona.

_*"Cuando vos quieras mamá"*, dijeron.

_*"Ya sentiré cuando sea el momento, porque justamente algo que aprendí es que no hay que forzar situaciones y saber cuándo es el momento para hacerlo"*, respondí.

Estaban sorprendidos de que yo no me hubiera ido de viaje con Carlos, con lo que me gustaba viajar y conocer lugares, y lo bien que disfrutaba de su compañía.

Ahondé en el comentario y les dije que hice lo que sentía, que era respetarme y ser auténtica con mis pensamientos y acciones, lo cual me traerían algo bueno.

Realmente así fue. No me importó el qué dirán, sólo me ocupé de explicárselo a la única persona que pude haber dañado: a Carlos. Fue un salto cuántico.

Esta seguridad que había encontrado en todo este proceso de superación personal me alentó para viajar a México, para contarles personalmente a mis hijos de mi progreso. Quise preparar mi viaje practicando la no interferencia, para ser coherente con mis ideas.

Les dije que, si bien yo tenía muchos deseos de ir a contarles lo que estaba sintiendo y compartirles mi experiencia, no quería forzarlos a que lo aceptaran para que pudiera ser un buen encuentro. Si no era el momento lo entendería y aceptaría, y yo estaría igualmente feliz.

Gustosos de tenerme cerca de ellos, dieron el sí al encuentro. Para evitar se incomodaran, primero les pregunté si querían que viviésemos los tres juntos o yo me buscaba un lugar para mí sola.

No hubo problema y decidieron que los tres juntos estuviéramos en un mismo lugar. Pedí que buscaran un departamento para alquilar. Pablo fue el encargado de buscar el lugar ideal, pero fue tanta su ansiedad por agradarme que no sabía qué departamento rentar o cuál ubicación sería lo ideal.

Fui muy clara y precisa en transmitirle como deseaba que fuera ese lugar, visualizando y sintiendo lo que sentiría cuando estuviéramos juntos los tres (manifestando con el sentimiento para llevar a cabo el proceso creativo).

_*"Tiene que ser un lugar cálido que yo pueda compartir con ustedes, que nos podamos reunir con sus amigos y también que les pueda cocinar".*

Pedí a Pablo que se relajara y que no interfiriera para que pudiera aparecer el lugar ideal para que durante un mes fuera nuestro hogar. Y le aclaré: *"No quiere decir que no busques, sino que busques desapegado del resultado; muévete sin ansiedad y sé receptor de lo que aparezca. No te exijas nada más".*

De visita a Playa del Carmen

Y así fue que apareció el lugar que había deseado. Fue realmente sorprendente para mí tener cosas que yo había deseado en silencio, la distribución de los ambientes, situaciones; realmente fue mágico.

Comprendí que lo mágico existe y se trata de esa energía creadora de la que hablo, que se organiza. El problema es que nosotros no sabemos bien qué deseamos, somos inseguros y no somos claros con nosotros mismos, y menos con los demás.

Llegó el día esperado y emprendí el vuelo a Playa del Carmen. Al llegar al departamento que habían conseguido mis hijos, veo escrito sobre la puerta que salía al patio una frase que decía: *THERE'S NO PLACE LIKE HOME* (No hay lugar como el hogar).

De inicio me impactó, pero me llevó varios días darme cuenta del por qué esa frase fue tan significativa para mí. Una mañana me levanté y miré el escrito y pensé. 'Sí, claro. No hay lugar como el hogar, pero el de cada uno en nuestro interior'. Ese es el verdadero hogar. El hogar individual de cada uno, el que yo estaba buscando, el que yo había encontrado; el otro es el hogar grupal, espacio físico en el cual nos alojamos.

Yo le di otro sentido a esa frase. Estaba puesta en referencia al espacio físico como parte de la decoración, pero a mí me llegó otro mensaje en sintonía con mi estado y lo que ahí decía. ¡Me sentía bárbara acá! Muy cómoda -es verdad-, pero no es referido a mi casa física. ¡Mi casa está dentro de mí!

En mi casa de Argentina también me siento bien y acá también. Pero la otra, la espiritual es la que tiene que ser propia e imprescindible, era un diálogo interno que no paraba, me reía sola en silencio y todas las mañanas leía esta frase con otro sentido, haciendo referencia a la casa que cada uno llevamos dentro.

Lo mágico de todo esto es que yo había viajado para darle el mensaje a mis hijos que buscan esa libertad y van cambiando permanentemente de espacio físico, de casa. Que el mensaje que yo quería transmitirles era el de habitar ese hogar interior para cubrir ese vacío que muchas veces sentimos, teniendo todo lo material.

No hay mejor lugar que ese espacio nuestro, tan íntimo, que nos acompaña siempre a todos lados, vayamos a donde vayamos, y que lamentablemente nos preocupamos mucho por la casa material, esa que nos agrupa y acoge: el hogar grupal.

Nos pasamos la vida cuidando el hogar de ladrillos que nos olvidamos del hogar individual.

Vivimos señalando que esto o aquello es mío sin encontrar el límite de cuando ya está, y mientras crece la riqueza material más empezamos a sentir el vacío interior y nos medicamos por insomnio, por ansiedad y así funcionamos viviendo dormidos, construyéndonos nuestras propias jaulas por todo lo que el otro te quiere quitar; rejas y más rejas, alarmas, etc.

Ponemos energía en todo eso, y lo grave es que no la pagamos con dinero sino con tiempo de vida que necesitamos para lograr todo eso. Y empezamos a gastar más energía para cuidar más cosas y necesitamos más dinero creyéndonos que eso nos dará paz, y no cuidamos nuestro verdadero hogar.

Tan es así que, como me gustaba mucho el departamento, en un momento se me cruzó la idea de querer comprarlo, al grado de preguntar el valor del inmueble. Pero estaba muy despierta, muy consciente y enseguida reaccioné y me dije a mí misma: *'Vez, ya querés poseerlo... ¡maldita necesidad! Quizás para otra persona no lo ataría pero en mi realidad sí lo haría.*

Hacerse preso de las cosas en lugar de disfrutarlas es muy común. Razoné todo lo que me ataría el comprarlo; volví a leer la frase y recordé que mi necesidad era otra por ahora. ¡No lo podía creer! Realmente sentí que el Universo conoce nuestros deseos más profundos, y si nosotros somos coherentes y claros, y si actuamos en consecuencia, todo estará ahí esperándote para que lo disfrutes.

Pasa que a veces, como no nos conocemos y no sabemos realmente cuáles son nuestros auténticos deseos, no somos claros con lo que pedimos para que se nos dé, y en ese momento escribí esto:

"Estoy sorprendida, emocionada. Siento como si la naturaleza me conociera, y me respondo a mí misma que sí me reconoce. Soy su energía, soy su espíritu, soy parte de eso".

Y ese día tuve ganas de leer nuevamente la ley del menor esfuerzo del libro *"Las siete leyes espirituales del éxito"*, de Deepak Chopra, sobre cómo funciona la naturaleza, y escribí en el cuaderno (lo había llevado en el viaje).

"No es una vela de cumpleaños a la que le tenemos que confiar nuestros deseos, ni en las monedas tiradas a una fuente de espaldas. Es confiar en uno mismo y comprometerse con cumplirlos, ocupándonos de conocer cómo actúa la naturaleza y el proceso creativo, estar conectados e irradiando esa energía de manifestación. Hagan lo que sientan, sean claros con los deseos, ¡anímense! Sientan el amor, es la energía que nos creó. Den amor por la pura satisfacción de dar sin esperar nada a cambio;

sientan felicidad por el solo hecho de estar vivos y así tus deseos más profundos serán escuchados.

"Y si después de eso no se da, es porque quizás no era tu verdadero deseo sino el de otro; el del deber ser, pero no el de tu alma; vos creías que eran los tuyos. Presta atención, seguramente eran de otro y vos inconscientemente obedeces en cumplirlos para no decepcionar, o simplemente no sabes hacerlo de otra manera porque no te conoces, y te quedas insatisfecho, opacándote. Fíjate bien, piensa, siente y actúa desde tu ser. Apaga la mente y anímate a sentir".

Mi malestar era que habitaba en mi ego. Hoy aprendí a habitar mi casa, mi hogar interior. Sigo siendo ambiciosa y me gusta cuidar de mi casa material, decorándola, pero con sentido, siendo consciente cuando ese cuidado me empieza a quitar libertad, que sea sólo para disfrutar y sin descuidar lo más importante, mi casa interior, la que me pertenece realmente, la que me va a acompañar a todos lados, y que generalmente la tenemos con humedades, despintadas y muchas veces sin luz… Hoy decidí pintar mi hogar interior de tres colores: verde esperanza, blanco de honestidad y pureza, y naranja de energía positiva.

Debo confesar que caí en la tentación mas tarde de adquirir un departamento con un dinero inesperado que recibí por herencia siendo fiel a la vieja estructura y no me fue muy bien, pero lo importante es que pude visualizar el aprendizaje que todo lo sucedido me mostró. Muy difícil situación pero con amplia consciencia que gran lección. Y no estoy diciendo que no haya que adquirir bienes, sino que no era ese el momento; me gano el viejo paradigma.

Observaciones y similitudes con la naturaleza: Conexión vs. Desconexión

Pasaba los días en México compartiendo interesantes charlas con mis hijos y sus amigos, quienes estaban sorprendidos por el cambio que estaba experimentado en mi persona. Planeamos un viaje a la isla de Holbox. Al pasar por unos humedales tuve una experiencia que puedo comparar con el pensamiento que yo tenía sobre lo que emana de nuestro interior, y la necesidad de la quietud y el silencio imprescindible para poder verlo.

Esta calma ya la había experimentado en ese viaje de 15 días a mi casa interior, sola, sin influencia de lo externo. Esto sucedió cuando visitamos un manantial ubicado en una isla que estaba de paso a Holbox, que son reservorios de agua dulce donde emerge del interior de la tierra en forma constante y al llegar a la superficie forma un tipo de aureolas.

Nos metimos y con antiparras observábamos debajo del agua. Se veía en la tierra un hueco negro de aproximadamente 30 centímetros de diámetro de donde salía el agua de forma constante, observé un rato e inmediatamente me remití al estado de paz y al lugar que había descubierto en mi interior, lo veía y sentía como una forma de representación de lo que me estaba pasando a mí.

Pedí a mis acompañantes que observaran el emerger del agua, que tenía que ver con el interior de cada persona. *"Cada uno de ustedes tiene una puerta interior donde emanan cosas, que es la verdad de cada uno"*.

Al parecer sólo a una persona le llamó la atención, era una amiga de *"Cami"*, mi hija, quien dijo que era muy interesante esa comparación. Nadie sabía realmente de mi proceso; no era fácil asimilar todo lo que yo había sentido. Me acerqué a mis hijos y volví a comentarlo sin entender lo que de mi perspectiva les quería hacer ver. *"Mamá, deja de relacionarlo todo"*. Sus caras no decían lo mismo y algo les resonó en su mente.

Pedí a Pablo filmarlo un ratito. Era tanto el movimiento que ya no se notaba el emerger del agua. Enseguida escuché al guía de turismo recomendarnos retirarnos de ese lugar para seguir con el tour, explicando que de lo contrario no se apreciarían las aureolas en el agua.

Entonces pensé: *'Claro, lo mismo ocurre con nuestro manantial de sabiduría interior; las interferencias que hacen que no se perciba lo que sale de nosotros sería la vida agitada, presos de los celulares, las redes sociales, el ruido de la mente, que no nos dejan ver con los ojos del corazón y sentir ese fluir constante que tenemos del interior, y que emana de la fuente de energía creadora del Universo. ¡Estamos desconectados!'*

Esto nos pasa casi permanentemente. No tenemos señal, no vemos nuestras propias aureolas, ni las ven los demás. La quietud y el silencio es el poder para enlazar o conectar con la *"Fuente Universal"* de energía y de inteligencia que late en todo ser vivo.

Luego me dijeron que le llaman la *"Fuente de la Vida"* a ese lugar; reconfirmé mis comparaciones. Me acordé y lo relacioné también con lo que había observado en el aeropuerto de Lima, cuando hice escala para llegar a México; había esperado 5 horas ahí y 7 horas más en Chile.

Sentada, observaba a la gente pensando cómo estarían interiormente. ¿Tendrán paz? ¿Estarán conectados a la *"Fuente"*? Veía que las personas *"mataban"* el tiempo comiendo sin parar; otros, por su parte, eran presos de sus celulares buscando enchufes para cargarlos y seguir conectados al mundo exterior. ¿Y ellos cuándo se cargarán?, me preguntaba. ¿Se sabrán recargar o seguirán así nada más? Se me vino a la cabeza el maldito hábito de postergar lo que deseamos emprender.

Pensaba que en este loco andar las personas exigen a sus hijos que realicen a la brevedad cualquier tarea sin considerar que ellos necesitan otro ritmo para poder desarrollarlo.

Qué lástima que no se den cuenta que esos niños tienen una energía natural que son un manantial de sabiduría, la cual necesitan expresar, y no tratarlos de conformar obsequiándoles tablets o teléfonos celulares.

La angustia me invadió al recordar que yo también había hecho muchas veces lo mismo con mis hijos en el loco andar de la vida, sin detenerme a escuchar y disfrutar de esos bellos momentos. Un pensamiento me invadió de golpe: '*Esta no es la vida real, es una percepción nada más. ¿Qué necesidad extrema de tener internet o de un celular?*' Pensar que está en nuestras manos vivir la vida con libertad. Yo estaba percibiendo según mi paradigma, según lo que yo era y había vivido, a esa realidad yo no la conocía, estaba juzgando desde la mía. (En el capítulo 8 hablo de la percepción).

Hoy me doy cuenta que me hablaba a mí misma y que estaba en un estado de total presencia espiritual, en el ahora, y que realmente las 12 horas de espera en los aeropuertos no las sentí. Es como si tuviéramos que descubrir un órgano interior que necesitamos para superar algunas situaciones vividas, a veces traumáticas, heridas de falta de libertad que duelen.

Tormentas que no permiten reconocer este espacio dentro de nosotros, pero cuando llegas a tu centro te das cuenta que todo lo que creías que estaba herido era sólo superficial, y que sólo radica en tu ego, que nadie te hirió en la profundidad de tu ser y que ese órgano invisible sigue intacto, esperándote, y que es diferente en cada ser humano. Esa fuente sigue igual emanando como en el humedal.

Sólo necesitas descubrir algunas pistas para encontrar la ruta; algunos irán por autopista, otros por caminos de tierra, lo importante es ver y respetar los señalamientos que te guían, como el silencio, la soledad, la relajación, la intuición, escuchar y escucharse; animarse a sentir y a actuar en consecuencia, para después tener un plan de acción, siempre siguiendo a tu interior.

Sentía que estaba creando un vínculo diferente con la vida, un vínculo mayor. Es un anhelo de conectar con la fuente de donde provenimos, que al nacer y empezar a vivir en este plano nos olvidamos, pero siempre queda ese deseo y sensación de estar lejos del hogar y que lo llenamos con cosas, relaciones, etc.

Sueños

En este viaje a México también pude conectarme con gente que viaja en *"motorhome"*. Aquí es donde pienso de nuevo en mi sueño y a sentirlo como posible. En este momento pude comprender lo leído de algunos autores, que cuentan que trabajamos desde mucho tiempo atrás sobre los propósitos y deseos.

A veces no encontramos el significado de sucesos que parecen aislados, pero cuando despertamos vemos que están relacionados, que tienen un hilo conductor y entonces recobran sentido cuando los conectamos con nuestros ser.

Eso mismo me pasó con un cuadro que pinté hace varios años atrás, con un camino y un auto, y yo me preguntaba cada vez que lo miraba: '*¿A dónde va ese auto?*' Incluso, llegó a ser como un chiste o una muletilla. Cada vez que alguien lo miraba yo repetía eso.

Recuerdo que cuando lo pintaba, muy en el fondo algo expresaba, sólo relacionaba con viajar, que tanto me gustaba. Hoy lo miro y veo perfectamente al "*motor-home*" de mis sueños, el que apareció ahora haciendo una meditación, conectando con mi alma, viajando sin un destino, sin itinerario, llevando gente con el "*corazón abierto*", y así mismo, encontrándola.

Me gustaría viajar dando estos mensajes, de que regresen a su hogar y recuerden su verdadera esencia de la que todos estamos hechos: el amor. Dar y recibir amor y tener distintas experiencias de vida sin importar cuál es el paisaje ni el equipaje que conforman la gente y sus historias. De que generen un vínculo diferente con la vida, y así ayudar a personas con depresión y adicciones.

En este camino que estoy transitando se irá plasmando de a poco este sueño, que ya tiene nombre y tiene corazón; quizás está en una frecuencia más alta y yo todavía tendré muchos aprendizajes por los cuales habré de transitar para poder vibrar en esa sintonía, donde el sueño ya está cumplido.

Pero ahora hay que disfrutar del camino sin pensar si lo voy a cumplir, desapegada de los resultados; es un gran desafío poner en práctica el no controlar el no interferir, sí con el sentimiento de gratitud y el del deseo cumplido.

Cada cosa que disfrutamos es como si estuviésemos cumpliendo ese sueño, lo cual es increíble. Ya no importa el resultado, porque empiezas a disfrutar cada instante y te sorprendes al perder la atención del objetivo; ahora sólo disfrutas de lo que haces para ello, es como si volaras; en realidad disfrutas de la libertad de sentir que la mente no está en el futuro. Es increíble cómo se cambia el mecanismo. Donde no hay ansiedad sentís que no existe el tiempo.

Entre tantas cosas que me sucedían me llegó un mensaje de mi sobrina Agustina, quien me respondió sobre el gran cambio que yo estaba experimentando, y que decía así:

"Buscar adentro para saber cuál es el camino que uno desea transitar, es una decisión consciente, no llega de la nada, lo decidimos, como también lo es enfrentarse con el pasado, amigarse con él y entender que es parte de nosotros;

después hay que animarse a transitarlo y creo que esa es la parte más difícil. Sincerarnos internamente y buscar la plenitud, eso es para mí el éxito. Nos empoderamos de nuestras propias vidas que nos hace tener las riendas de nuestro destino. Me pone feliz que empieces tu viaje. ¡Te amo!".

¡Qué maravilla es empezar a recibir esas positivas muestras de afecto de las personas que nos aman! Estaba siendo muy clara con lo que sentía, hablando desde el corazón a cada uno; las respuestas eran maravillosas. Hoy, después del camino recorrido, sé que nos comunicábamos de alma a alma.

Despedidas

También llegó el día que tenía que regresar de México a la Argentina. Ahí fue cuando le escribí una carta a mis hijos, diciéndoles que todo termina, que todo pasa, pero siempre algo comienza por suerte, con nuevas oportunidades y que ese es el desafío, de no quedarse triste por lo que ya pasó y se va, sino alegrarse de tener nuevas oportunidades de aplicar lo que aprendemos, descubrir cosas nuevas y reinventarnos.

"Me voy feliz de haber venido a traerles a su mamá, que muchas veces no pudieron disfrutar, y compartirles quién soy hoy: libre y de corazón abierto, con deseos de trabajar por esa libertad, con mis errores y con mis aciertos.

"Siento la necesidad de dejarles un mensaje, que siempre lo he hecho escribiéndoles notas, en cartas, frases en los espejos. Esto sale de lo más profundo de mi ser, y es que en el mundo de las formas me tocó ser su mamá sin saber cómo era, probando y probando, pero por suerte también sintiendo.

"Ese es el mensaje: Nunca dejen de sentir, no sólo cuando no sepan qué hacer sino siempre, que no hagan problema por cosas que no valen la pena, háganlas a un lado, sepan discernir; apártense de los pensamientos que entretienen y no construyen, sean libres de ellos, pero principalmente sean libres de ustedes mismos. Muchas veces nuestros peores enemigos somos nosotros. No esperen respuestas condicionadas de los demás, actúen, olviden todo lo que creían ser y saber; redescúbranse, reprográmense, sean responsables. ¡Ámense! ¡Amen!".

"Hay tantas maneras de no ser, tanta conciencia sin saber adormecida; hay tan pequeña vanidad en nuestra tonta humanidad enceguecida; merecer la vida es erguirse vertical más allá del mal de las caídas; es igual que darle a la verdad y a nuestra propia libertad la bienvenida".

Eladia Blázquez

Canción "Honrar la vida"

Y continué con la carta pidiéndoles que se tomaran el tiempo para estar solos consigo mismos y en silencio.

"Hay algo que me preocupa y que es el uso excesivo de la tecnología y las redes sociales. Siento y veo que no hay espacio para el reencuentro con lo que viene de adentro, que si no reconectamos con la fuente de energía que nos creó no hay manera realmente de sentirse bien, por más que tengamos todo lo externo que queramos tener.

"Es necesario y bueno en su justa medida, pero hay que tomarse días para estar totalmente desconectados, buscar la manera de que el Universo se meta dentro de nosotros y haga su obra, que reconecte con nuestro verdadero ser, de lo contrario estamos condenados a transformarnos en robots, dando respuestas automáticas y sin sentido".

El mismo día que regresé a Argentina, mi hija Camila decidió irse tres días sola a Isla Mujeres, en México, apagando su celular, donde disfrutó de la experiencia del silencio y la soledad; tomó las debidas precauciones de las cuales habíamos hablado, por lo cual yo no tuve miedo de que fuera sola; sólo confié y nada más. En esos días comenzó a despertar y a encontrarse con ella misma. Regresó a Playa del Carmen feliz.

¡Comenzaba su despertar!

CAPÍTULO 4

Regreso a Argentina

No fue fácil, pero tan pronto llegué de nuevo a mi Argentina, me vi en la necesidad de armar un plan de acción para llevar a cabo el cambio que quería; no hubo un día en que no hiciera algo para que eso sucediera y ser coherente con lo que estaba sintiendo, que era el deseo de vivir en el Caribe mexicano... mi primer sueño.

Regresé de México con esa idea, pero primero debía armar un equipo de trabajo en el consultorio, que me permitiera estar ausente.

Tenía claro que no iba a ser fácil, pero también sabía que si aprendía a disfrutarlo sin ansiedad iba a ser hermoso, ya que serían los primeros pasos hacia mis nuevos sueños, y que el secreto era disfrutar del camino.

Empecé de cero, tratando de averiguar cosas que sin pensarlo mucho llegaron como por arte de magia, porque el Universo conspira a tu favor, lo puedo asegurar, siempre y cuando estés en sintonía con tu ser, planeando y haciendo lo que realmente quieres, pero también aprendí que en algunas ocasiones las situaciones suelen trabarse y a darme cuenta del por qué.

Fue así que conocí la profesión de coaching ontológico y empresarial. No tenía idea de qué se trataba; yo sólo expresaba lo que necesitaba y las personas adecuadas aparecían.

A un colega y amigo le relaté lo que estaba sintiendo, y que me parecía que desde el coaching podrían acompañarme. Él me recomendó a la coach Marcela Baudino, de Córdoba, mi ciudad, así fue como empecé las sesiones con ella y me acompañó de una manera increíble.

No tengo duda de que yo estaba vibrando muy alto para atraer a esa maravillosa persona, acompañada de su socia Mónica Castro (realmente las sentí como dos ángeles para mí).

Armamos un plan de ejecución para lograr que el consultorio funcionara solo. Para ello, debía hablar con cada una de las personas involucradas, primeramente con mi secretaria Ivón. Le dije que mi cambio tenía que ver con cosas propias y nada en contra de ella, pero que inevitablemente le afectarían.

Le pedí me acompañara para contarle mi plan y así lo hizo; ella me había visto en mi proceso en diferentes situaciones de crisis, así que ya conocía de lo que se trataba.

Empezamos a llevar a cabo ese plan y a trabajar día a día bajo la guía de Marcela para conseguir independizar la odontología de mi vida y de mi hogar, ya que estaba todo mezclado; así había funcionado ante la necesidad de ser padre, madre y proveedora a la vez. Traté de ser lo más clara posible con Ivón, aunque también sé lo difícil que fue para ella.

Guardo conmigo la carta que me dio cuando me despidió al partir a México, después de haber desarmado mi casa; no hay duda de que me estaba acompañando desde el amor.

Armé un equipo de trabajo en el consultorio, paso a paso, para que siguiera funcionando y fuera el que me pudiera sostener económicamente para el cambio que se empezaba a vislumbrar, y tampoco tengo dudas que aparecieron las personas adecuadas que soplaron mis alas permitiéndome volar.

> ***"Las alas si funcionan, pero sólo después de que hayas saltado. Puedes mover montañas, pero sólo a través de la intensidad de tu danza. La vida que imaginas no existe, a menos que te atrevas a crearla. Hay un universo entero en tu interior esperando a que empieces a confiar en ti mismo lo suficiente como para poder manifestarse".***
>
> **Andrea Balt**
>
> *La Extraña Filosofía de la Confianza*

Factores imponderables

Siempre hay factores ponderables e imponderables, tan es así que en pleno proceso de cambio mi hija Camila regresó de México a la Argentina con un problema de salud, un desequilibrio en su metabolismo, producto de todo su despertar y evolución, que tal vez no sabía cómo manejar.

Camila estaba feliz y empezaba a recordar quién era, esa niña extrovertida, sociable, charlatana, llena de amor para dar, que se había apagado con el tiempo.

Tuvimos una experiencia con la medicina tradicional en Córdoba que, ante su euforia y verborragia, le hicieron un diagnóstico apresurado desde una estructura médica tradicional por lo cual la quisieron medicar, sólo por escucharla.

Dos días tardé en darme cuenta de esto, creyendo que verdaderamente hacía falta medicarla. Me dijeron que así como se da la depresión se daba esa euforia, que podía exacerbarse y que estaba hablando incoherencias que marcaban un diagnóstico psíquico, que era producto de su desequilibrio hormonal y metabólico.

Me alarmó el diagnóstico. Habíamos consultado por un problema de peso ya que había adelgazado extremadamente por tanta actividad física, acompañada de dietas. Yo sabía, por mi profesión en el área de la salud, que se altera el metabolismo con repercusiones en infinidades de cosas; funciones glandulares, reacciones químicas, hormonales y demás, pero también sentía que esto era otra cosa.

Camila le hablaba a la doctora de lo que ella estaba sintiendo a consecuencia del despertar de conciencia, el poder de la mente, de vivir en el aquí y el ahora. Nombraba a ciertos autores que, sin desprestigiar a la medicina tradicional, quizás no saben que existen; hablaba también de la confianza perdida entre la gente, del dar y recibir a cambio, y de muchas cosas más.

Mi hija querida tenía desesperación de compartir lo que sentía y la ansiedad la devoraba. ¡La vi tan pura, tan transparente, tan linda!

Recuerdo el momento y siento lo mucho que la amo. Agradezco haber estado en la consulta porque así escuché perfectamente lo que decía y que demoré sólo 48 horas en darme cuenta de ese diagnóstico.

Me desperté una mañana con la certeza de que Camila estaba siendo ella misma, que despertaba a una nueva vida. Había estado años adormecida bajo paradigmas que no le pertenecían, y me dije: *"Vos conoces mejor que nadie a tu hija, esta es su verdadera esencia"*. Me levanté -recuerdo- y dije: *"No voy a permitir que la callen con una pastilla, ya me pasó a mí, la vida me pone al frente una nueva experiencia de prueba para que yo actúe"*.

Tan pronto se relajó, charlamos mucho y era tal cual, era realmente ella, entonces empecé a actuar sin ser soberbia y sin dejar de escuchar a los médicos, permitiendo que la medicaran por razones hormonales, pero no para acallar esa voz interna de libertad... y así fue.

Me sentí feliz por haber reaccionado y actuado. Lo relato y parece sencillo, pero fueron momentos de mucha complejidad e incertidumbre.

Agradezco haber despertado yo antes que ella para acompañarla y decirle que no era una mala jugada de su cabeza, que se tranquilizara y que vivir así es posible, que se puede lograr, hay que tener valentía nada más.

Camila, mucho después de haber leído mis escritos, me dijo: *"Sabes una cosa mamá, estamos en este planeta para transmitir mensajes que traemos adentro; esa verdad nos da plenitud y felicidad, nada más que la mayoría de la gente tiene miedo. Cuando lo sentimos tenemos miedo de enloquecer y nos reprimimos, así que yo decidí estar loca si es que así le llaman a eso. Sentir, animarse a transmitirlo sin que importe el juicio ajeno... ¡qué desafío!".*

Sanar duele, sacar lo que está debajo de la alfombra hiere, porque cuando despiertas y decides sanar, sentís dolor, inclusive más que antes; es que empiezas a ver las cosas con anteojos diferentes y a veces nos podemos perder, porque estamos eligiendo la cura en lugar de la anestesia, y hay que tener valor para afrontarlo y evolucionar.

CAPÍTULO 5

El juicio ajeno

Vivimos el juicio que hacemos. Como lo comenté, para mí fue todo un desafío informar de mi decisión de no ir de vacaciones al destino que había programado con mi pareja y también lo que estaba sintiendo. No me resultaba nada fácil, pero el problema no eran los demás, sino uno mismo, que quiere dar explicaciones a todo y por todo, dependiendo de lo que los demás nos dicen.

Me reconocí excesivamente detallista, crítica y obsesiva. Me reconocí más a mí misma porque comprendí que los demás se inmiscuyen en las cosas ajenas opinando en la medida que uno se lo permite; muchas veces por inseguridad dejamos que así sea o por saber la opinión de ellos, pero generalmente es por miedo a equivocarnos y al qué dirán.

Pedimos opinión y nos influye, entonces hacemos -sin darnos cuenta- lo que el otro nos aconseja y después echamos culpas, nos enojamos, lo ponemos en el cuerpo y nos enfermamos. Lo que es verdaderamente sano es poner límites con amor cuando los demás se inmiscuyan en nuestras cosas, o de antemano pedir que no opinen, te escuchen y te acepten, y sólo te acompañen si lo desean, como yo lo hice al contarles de mi viaje. Para eso tenemos que tener en claro lo que queremos.

Hay que trabajar los miedos y el autoconocimiento. Debemos vivir auténticamente con uno mismo, respetando las diferencias con los demás; es el único secreto, pero es muy difícil porque estamos acostumbrados a emitir juicios.

Si aprendiéramos a no juzgar y a no suponer nos dejaría de importar el juicio ajeno; si nos sigue importando es porque nosotros mismos lo seguimos haciendo.

Realmente nos sentiremos libres de verdad cuando logremos liberarnos de eso. Primero debemos abandonar la crítica permanente, porque justamente nos afecta lo que nos dicen los demás. Seguramente estaremos siendo muy críticos, pero principalmente con nosotros mismos, para lograrlo debemos trabajar el amor propio primero.

La vida son sucesos de hechos relacionados que sólo cada uno conoce y vemos en los demás siempre una parcialidad; el juzgar y la crítica son los errores más grandes del ser humano con una elevadísima toxicidad para las relaciones interpersonales y también para con uno mismo.

Uno de los errores más grandes que se cometen y que en lo personal he cometido, es el de vivir haciendo suposiciones. Recuerdo cuánto sufría por eso, a pesar de que la mayoría de las veces no fuera cierto, sino *"realidades"* que son inventadas. Cuando suponemos inventamos una realidad.

Ahora, cada vez que inconscientemente elaboro un juicio sobre algo, me pregunto a mí misma si tal o cual cosa es verdad. La duda es la herramienta que me delata de que estoy cayendo de nuevo en una suposición, tanto para una crítica o para alabar a alguien; siempre conocemos una parcialidad y gastamos energía en suponer.

Cuando nos permitamos observar y aceptar a los demás nos va a sobrar tiempo para conocer nuestro interior y escuchar todo lo que tiene para contarnos, sólo así recordaremos todo lo que trajimos al nacer; lo olvidado aparecerá mágicamente en forma de bienestar y por ende desaparecerán muchos de los síntomas que nos aquejan.

Si tienes una mente abierta y no te apegas a nada, te acercarás a esa paz que tanto deseas. Si quieres conocer verdaderamente a alguien, observa no como habla de sí mismo, sino de los demás. Lo que criticamos o por el contrario, alabamos, es tal vez lo que nos falta y queremos cambiar.

Cuando transitando este nuevo camino sentí que nadie me juzgaba me encontré al peor de los juzgadores… a mí misma. Como juzgamos a lo demás es el reflejo de cómo nos juzgamos a nosotros mismos. Dejar de juzgar las cosas como buenas o malas, sino aceptarlas para lograr transformarlas y así la vida se transforma; observemos, disfrutemos, soltemos el control y eso nos relajará. ¡Descansemos! ¡Por favor, descansemos!

De a poquito lo empecé a poner en práctica.

No se puede erradicar de un día para otro, pero sí logras ver los avances y la gran satisfacción que da, además de mucha paz mental. Pude entender que en el momento que uno hace críticas y juzgas a las personas, estás vibrando con una frecuencia muy baja, y por consiguiente eso trae pensamientos muy bajos.

Hay tres personas involucradas en el momento de la crítica, que son: la persona que critica, el que escucha y el que es criticado. Esas tres personas están vibrando en baja frecuencia; si sos espectador y sólo escuchas también estarás vibrando bajo; por lo tanto, ni siquiera seas partícipe de escuchar las críticas. Esto es evolucionar a otro nivel de consciencia. ¡Difícil, pero no imposible!

Ponlo en práctica y observa los resultados. Tenemos que ser conscientes de que cada persona está viviendo una situación particular y luchando, como puede, con sus propias dificultades; no te tomes nada personal. El juicio que nosotros hagamos nunca será sobre algo verdadero, será sobre una imagen que se proyecta. El secreto está en ser impecable con tus palabras, que tu mensaje sea claro y con amor.

¿Por qué nos enfermamos?

Fuimos educados para desconocer nuestro propio poder interior. Una de las primeras sorpresas fue que ya no me aparecía el dolor de espalda y la neuralgia que tanto me aquejaba últimamente, y que era cada vez más frecuente cuando trabajaba.

Cuando quería manifestarse el dolor yo sólo me relajaba y en automático desaparecía, recordándome a mí misma que ya estaba haciendo cosas para un cambio. Agradecía al síntoma que me avisara que algo no estaba bien. Me informaba que entre el deseo de mi ser y mi actuar había una incongruencia, siendo consciente que esa contractura y esa neuralgia eran producto de una insatisfacción interior, de mi necesidad de obtener otra cosa, de una evolución.

Era mi alma que me hablaba de mi desconexión con mi verdadero ser, que se expresaba desde adentro a través de mi cuerpo y me hablaba de esa manera, y yo lo *"callaba"* con antiinflamatorios.

Detrás de cada síntoma hay un conflicto emocional que lo sostiene, pero no nos enseñan a verlo de esa manera, y si es vivido en forma silenciosa puede desencadenar otra serie de síntomas en diferentes partes del cuerpo que uno ya ni relaciona; o sea, activa un mecanismo biológico desconocido y que obliga a medicarnos, por lo que seguimos tapando las luces de alerta y seguimos callando nuestro cuerpo, lo enmudecemos para seguir funcionando y respondiendo al sistema.

La medicina tradicional cura los síntomas -los gritos del cuerpo-; es decir, la expresión o manifestación de la enfermedad, pero sin curarla a ella. Para curar la enfermedad lo tenemos que hacer nosotros mismos con el poder de la auto-sanación, porque uno mismo, en su interior, lo provocó, y durante años quizás lo ha acallado; sólo cada uno en su interior sabe lo que siente, lo que le falta y lo que le sobra o acontece al cuerpo. Él expresa lo que pasa en el interior, porque el cuerpo es la casa del alma, el vehículo material, y tiene un idioma que hay que saber leer y que deberíamos aprender de niños; este es el idioma emocional y sus expresiones a través del cuerpo.

El espíritu nos habla a través de él. Es el espíritu hecho carne. El cuerpo es el medio de comunicación y no la mente la que nos comunica con las leyes de la naturaleza, porque es energía de ella; en cambio, la mente interpreta y está relacionada con el mundo exterior a través de juicios que generalmente no son reales.

Si aprendiéramos a estar atentos cuando nuestro cuerpo habla y nos dice que hay una desconexión con nuestro ser interior no nos enfermaríamos; los síntomas son como una alarma que nos avisa y a la cual deberíamos escuchar, pero la apagamos con la medicación sin saber por qué se activó.

Esto no significa que no necesitemos ir al médico para tratar los síntomas; al contrario, cuando ya se hicieron de tal magnitud y no podemos revertirlos tenemos que hacerlo, pero si no sanamos la causa emocional que lo provocó nuestro cuerpo volverá a gritar y volverá a tener síntomas tantas veces como sea necesario, hasta que se instalen permanentemente en un constante llamado de auxilio de nuestra alma.

Nuestro cuerpo es la casa de cada uno, donde se acomodan sentimientos, pensamientos, emociones, los cuales conforman el hogar interior y provocan los comportamientos y posturas; esta casa es la que tenemos que habitar durante nuestra estadía en este mundo, en este paso por el planeta.

Tenemos que dedicarle tiempo, ordenarlo, cuidarlo, recorrer sus espacios poniéndole música, escuchándolo, interpretándolo. Te dejo pensando con estas preguntas: ¿Te escuchas? ¿Te observas? ¿Te haces caso?

Que importante es darse cuenta y actuar en consecuencia. Tan es así que pude comprobar cuando sentí un zumbido muy fuerte en el oído, en el preciso momento en el cual no quería escuchar más sobre un conflicto familiar.

Tuve la intención de ir enseguida al médico para que me revisara, pero me detuve un instante y pensé qué mensaje me estaba dando mi cuerpo. Lo puse en práctica. Comuniqué que no asistiría a la próxima reunión. Me relajé. Me hablé a mí misma y dije que no me iba a exponer; me tranquilicé y el zumbido desapareció.

Por supuesto, asumí el riesgo de lo que significa que los demás lo interpreten como no querer afrontar el problema o la circunstancia a resolver y muchas cosas más, pero yo sabía que era más de lo mismo, y ahí está la valentía y el valor de ser tú mismo, de hacer lo que sentís sin dañar a nadie, saber preservarte de lo que te hace daño, tan sólo cuidarte.

En varias oportunidades más apareció ese zumbido. Recibo el mensaje de mi cuerpo y lo hago consciente… y el zumbido se va.

Conocí sobre la bíodescodificación y me ayudó muchísimo a lograr mis objetivos.

Recuerda que tu cuerpo es el vehículo de tu alma y que no podemos cambiarlo como si fuera un automóvil. Es único para toda nuestra estancia en el planeta.

También desde mi nuevo estado de consciencia aprendí sobre alimentación, actividad física, conexión cuerpo, mente y espíritu.

Te dejo una afirmación positiva para decir todas las mañanas:

Amo a mi cuerpo y lo cuido para que acompañe a mi alma en su recorrido".

CAPÍTULO 6
El poder del amor

Amor versus miedo, versus culpa

El amor es la energía en la que fuimos creados y la confundimos muchas veces con el poseer, pertenecer, agradar, conquistar y otras con sólo compartir, mimar, cuidar. Pero este concepto es mucho más amplio, es la energía con la cual es posible transformar lo no transformable, porque de esa energía provenimos; entonces, todo es posible cuando conectamos con ella, cuando vibramos en su sintonía y alta frecuencia.

Vivir en amor es poner en práctica la abundancia ilimitada del Universo. Amar es entregar, soltar, dar; amar es pedir perdón y perdonar, es sentir la paz interior que tanto buscamos, porque cuando amas lo encuentras, y no hablo sólo del amor de pareja, de compañeros de vida, de los hijos, sino de amar además a todos y a todo el Universo, a la vida misma, a la creación en general.

Aprendí que primero tenemos que sentir amor para nosotros mismos y de ahí emerge todo el amor para los demás, que irremediablemente traerá paz. Para entender eso tuve que pasar por muchas situaciones complejas donde había decepción y angustia, las que hoy me llevaron a comprender que si yo me hubiese amado más no hubiese permitido ciertas situaciones en ese tiempo.

El punto de partida es amarse a uno mismo. Al final comprendí la frase de Albert Einstein, que muchas veces leía y me hacía pensar: *"La respuesta es el amor, como una respuesta total, única, aplicable a todo"*. Hoy lo entiendo en su total profundidad: es una energía universal.

Y como decía antes, el mayor reto es dar amor a las personas que están en la oscuridad o de alguna forma nos hacen mal; fueron situaciones que siguen siendo muy difíciles donde nuestra mente limitada nos dice que es casi imposible amar ante estas situaciones que nos hacen daño.

El tema que no lograba comprender era el de dar amor sin alejarme. Debemos seguir dando amor aunque decidas no compartir o permanecer más con esa persona. Yo no lo entendía, pensaba que dar amor era tolerar, que el otro hiciera lo que quisiera y a la vez soportarlo, motivo que desencadena enojos con los demás y con uno mismo.

Ahí está el desafío. Cuando lo logras es una paz indescriptible y total; el único mal es no amar. Aprender a decir basta, está directamente relacionado con tu amor a vos mismo o tu desamor. Cuando morimos volvemos a esa fuente de amor de la cual provenimos, por eso la facie de paz, de relajación que se le ve a un cuerpo muerto; pero no hace falta morir para lograrlo, podemos *"matar"* el ego, derrotarlo, dominar los pensamientos y vivir en relación a esa fuente de amor, aquí y ahora.

Cuando el poder del amor supere el amor al poder, el mundo conocerá la paz.

(Extraído del documental ZEITGEIST)

Es verdaderamente un desafío, y cuando tomas conciencia ya no hablas más, no piensas más, simplemente actúas, amas. Debemos trabajar mucho en la auto-aceptación y en el amor a uno mismo.

No hay manera de aceptar a los demás si no nos aceptamos primero a nosotros mismos; se trabaja el camino, lo he vivido, lo he sentido. Tuve que darme muchos golpes para entender que tenía que volver al origen, amarme a mí misma, donde está el punto inicial de todo.

Si no nos amamos a nosotros mismos comienza una serie de situaciones que después son difíciles de revertir, porque permitimos que el otro nos haga daño y se va haciendo cada vez más complejo.

Amar es la energía más poderosa que existe, la que todo lo logra, porque es la esencia de cada uno de nosotros en su estado natural, cuando la sentimos nos hace vibrar, nos moldea, afloja nuestras durezas y podemos entonces aceptar a los demás; amar las diferencias, amar al otro, pero después de haber aprendido a amarnos a nosotros mismos y aceptarlo en su totalidad, es el camino a pesar de decidir no compartir.

El amor tiene el poder de quitar nuestras máscaras, de dejar de sentir miedo, nos devuelve la confianza, nos relaja. Aquí es donde sentimos que vivir vale la alegría y no la pena. Es una energía que tiene fuerza de atracción, porque el que da amor y el que recibe, se sienten atraídos.

Comparto un escrito de mi hijo Pablo sobre el amor, que me encantó.

Ámame como amas una flor que se desarma en tu puño, que lentamente se escurre dibujando la línea de tu sonrisa y se va lejos dejando un rastro de felicidad.
Ámame de a ratos, de a momentos.
Ámame como amas a ese pájaro que dejó de cantar para echarse a volar. No quiero que me ames más, ni que me ames menos de lo que amas ver un niño jugar, porque el amor es uno solo.
Ámate a vos mismo, ámame a través tuyo, ámate primero con egoísmo y después ama al resto; ámate hasta que te den ganas de volar, porque el amor da alas.
Ámate hasta que te sientas en soledad y te sientas amado. Ámame hasta que me dejes ir y no me dejes de amar. Ama con rebeldía y sinceridad, ama sin dependencia sin correspondencia y no tengas miedo de amar porque así nunca nadie te va a lastimar; ama sin poseer porque eso es querer y no amar. Soltar es dejar marchar, es crecer. Te amo con amor desde el alma, ni más ni menos.

Pablo Stampanone

El miedo versus culpa

"El amor es algo con lo que nacemos, el miedo es algo que hemos adquirido, aprendido aquí; el viaje espiritual es el desaprender del miedo y la aceptación del amor en nuestros corazones".

Ana Gema.

Trascender los miedos buscando el amor. Lo contrario del amor es el miedo, no precisamente el odio como creemos. El miedo contrae, te paraliza, te hace mezquino; el amor te expande, te da alas, te hace generoso. Si hay expresión de miedo no hay lugar para que se exprese el amor; a lo único que deberíamos tener miedo es al propio miedo.

Esto lo puedo comprobar por experiencia propia y es aquí donde creo que en el paso mío por este planeta mi gran desafío fue y es la superación de los miedos. Y es a través de los miedos donde viene el perdón a mi madre y la sanación con ella. Ella me crió con miedos… ¡Pobre vieja!

Demostraba su cariño a través de mostrarnos el miedo a que nos golpeáramos, el miedo a que nos enfermáramos, el miedo a que sufriéramos, el miedo a que viajáramos, el miedo al miedo… ¡miedo a todo!

Eso me enojaba mucho y sin darme cuenta poco a poco me alejaba, y empecé a construir un muro para con ella. Dejé, sin darme cuenta, de contarle cosas, de ocultarle otras, la deje de hacer participar en mi vida para que no me inculcara miedos.

Ese muro era cada vez más grande y grueso a medida que yo iba creciendo. Yo no lo entendía, pero me sentía separada de ella, no sentía su amor y aparecía la culpa.

Qué círculo vicioso me atrapaba. ¿Alejamiento como defensa? El rechazo y la culpa por sentirlo y no saber por qué, si no había causa aparente y visible para sentirlo… ¿Entonces, yo era la mala?

Como niña no comprendía estos sentimientos y menos hacia una madre buena, querida por todos, compasiva ante el prójimo y los necesitados.

Y más culpa, más bronca, más angustia me daba y más me alejaba. Y desde lejos la juzgaba en ese desconocimiento; entonces, ante el mínimo error se lo marcaba, no soportaba que hiciera la mínima crítica a nadie; penosamente tengo que confesar que a veces no la toleraba.

Me alejaba también; hoy lo comprendo, porque no sentía el amor. Pero era una persona buena a la que no le veía malas intenciones con nadie, me cuestionaba. Recuerdo que la psicóloga me decía: *"La tenés que perdonar"*.

Pero si yo no sabía por qué, es muy feo no encontrar la causa, porque entonces la culpa te mata. Eso me torturó por años sin poder descifrar qué pasaba; lo cuento porque ojalá a alguien que le pase algo similar lo pueda ayudar; el sentir no querer a mi madre es uno de los peores sentimientos que he tenido.

Si ella quería el bien para todos, ¿cómo era que yo no la aceptara? También otro protagonista era la manipulación y es donde se agravaba el tema. Como niña tampoco lo comprendía.

Quienes logran infundirnos miedo nos manipulan, puede ser intencional o no.

En el caso de mi mamá me manipulaba para que yo no hiciera cosas que a ella le generaban miedo, yo sentía eso pero no sabía qué era; ella se protegía de esos miedos inconscientemente, pero eso me separaba aún más.

Hoy lo veo y lo entiendo y así fuimos aprendiendo a tener miedo, por alguna razón, a la soledad a la independencia, a pedir, a ser criticados, a no ser aceptados; nos pasamos la vida buscando la aprobación y el amor de otros cuando ni siquiera lo hemos descubierto en nosotros mismos.

La culpa

La Wikipedia dice que es un sentimiento desagradable nacido de la sanción y el señalamiento, y que se siente al romper las reglas culturales, tanto religiosas como políticas, familiares, de grupo, de pertenencia, etcétera.

Yo particularmente atribuyo la culpa a la religión. Un Dios aprendido como castigador. Terrible frase de mi madre: *¡"Dios te va a castigar"!*, grabada como en cemento fresco en mi cabeza, en mí subconsciente a manera de fuego.

Mucha gente sufre toda su vida debido a este sentimiento de culpa; el sentimiento de no haber vivido a la altura de la expectativa, del núcleo familiar y de su entorno, pues esto tiene sus inicios en las etapas más tempranas de la infancia, y descubrí también que está muy relacionado a la ansiedad y de la cual derivan un sin número de mecanismos de defensa para evadir dicha culpa, que pueden ser represión y proyección.

Proyectamos a otros. Si lo veo en otra persona tengo esperanza de que las acciones propias sean vistas favorablemente para la propia consciencia.

Ver y analizar todo esto me obligó a verme en espejo, reflejada en muchas situaciones para poder hacerlo consciente y sanarlo; es hermoso darte cuenta que lo dejas de sentir cuando lo llevas a un plano consciente, aunque cuando menos lo esperes vuelve a aparecer, pero siempre con menos intensidad.

Sanación

Dentro de todo mi proceso de cambio por el que transité, comenzando ya en esos días del viaje sin maletas a mi interior, fue como también encontré la punta de este gran nudo. Muy despacito se fue destejiendo, desapareciendo de a poco hasta que lo pude entender.

Recuerdo ya estar transitando el cambio y pedirle hasta a la luna que necesitaba sanar esta relación con mi madre, ya que era consciente que, me fuera a donde me fuera, esto no me dejaría avanzar.

El recorrido fue extenso: árbol genealógico, bíodescodificación, sesiones de Focusing, Yoga, Reiki; a veces sentía que podía, otras me daba cuenta que no lo había logrado aun cuando con ella compartía ciertos momentos.

El secreto fue que nunca bajé los brazos. Sí. La enfrenté también; le reclamé y lloramos juntas varias veces, la angustia nos invadía; ella tampoco entendía. De tanto pedir, de tanto desear y tanto trabajar… ¡llegó el día!

Fue la noche de mi cumpleaños, el número 47, noche de luna llena. Al cielo le pedía: *'Necesito sanar esta relación, para poder continuar tranquila con mi vida'.*

Esa noche tuve una conexión increíble con ella, quien estaba en casa de mi hermana; yo la visualicé feliz, relajada.

Al día siguiente mi hermana me llamó por mi cumpleaños y sin saber nada me cuenta que mamá había estado la noche anterior increíblemente relajada, que conversaba feliz, que no se quería ir a dormir y de las charlas participaba (aclaro que normalmente se acuesta temprano, se auto-aísla y se medica para poder dormir relajada).

No tuve duda que la fuente de amor nos conectó y ella sintió mi energía de amor.

Dos días después, mi hermana la llevó a su pueblo de regreso y cuando llegó a su casa se cayó y lamentablemente se fracturó el hombro. No tuve dudas que había llegado el momento. Preparé mis cosas y viaje a su casa.

Les dije a mis hermanas que yo me encargaría de cuidarla. Tenía la certeza de que mi pedido había sido tomado y yo estaba en un estado de consciencia evolutiva y sabía que de la nada no llegaría la sanación y que esta era una señal para enfrentarla.

Durante los días que la cuidaba, mientras la veía completamente llena de miedos, escribí lo que observaba. El panorama se fue despejando mostrándome la compleja trama de todo esto; en el cuaderno de anotaciones puse:

"Te perdono vieja y amo tus miedos porque es la única manera que puedo amarte a vos. No entendí durante años cuál era la barrera que nos separaba, la que no nos dejaba que fluyera el afecto, la que nos rigidizaba; envejeciste y necesitaste de mis cuidados y yo justo había despertado. Vi tus miedos apoderarse totalmente de vos y me di cuenta. Yo ya no era una niña y como adulta lo detecté, los razoné, los aparté y te tranquilicé;

te acepté, te pude ver como una niña con miedo y dolor. Te pregunté cómo había sido tu niñez. Me contaste, te escuché y pude sentir tu amor. Entonces te abracé, te acaricié, te amé y eso todo lo transformó, y te transformaste y me acariciaste; te acercaste, me besaste y la barrera desapareció. Tuviste menos miedo... el amor lo logró. ¡Te amo mamá!"

El miedo produce ansiedad, enojo y fatiga; el amor produce relajación alegría y plenitud. Un buen camino es erradicar el drama, el miedo y el juicio hacia nosotros mismos y hacia los demás; ese es un buen camino hacia el amor.

Te dejo unas preguntas: ¿Qué harías si no tuvieras miedo hoy? ¿Estarías trabajando en el mismo lugar? ¿Estarías conviviendo con quien estás? ¿Estarías de novio con quien estás? ¿Estarías viviendo en el mismo lugar?

Utilicé muchas herramientas para poder lograr esta transformación, entre ellas constelaciones familiares, bíodescodificación, rebirthing (renacimiento a través de respiración consciente), Reiki, Yoga, meditación con técnica vipassana (diez días en silencio), documentales, meditaciones guiadas, sesiones de coaching, terapias psicológicas, entre otras tantas cosas.

Lo cierto es que empecé a recorrer un camino atrapante interminable y el cual me encanta, me divierte y voy eligiendo lo que estoy sintiendo, cuestionándome sobre cada cosa, sintiendo si es el momento o no.

Disfruto mucho, pero con mucha atención, no hacer por hacer, ni llenarse de técnicas si no caemos en el consumismo sin sentido. A veces es durísimo enfrentar realidades y ciertas verdades, pero que ofrecen la posibilidad de sanar y evolucionar.

Pero todas estas técnicas son sólo herramientas que debemos utilizar dependiendo del trabajo que tenga que realizar cada persona; la verdadera sanación y transformación la tenés que hacer vos en tu interior. Está ahí adentro... ¡Búscala! ¡Está todo escrito!

Tu interior te habla en silencio, no te olvides de eso, porque es lo que te dará verdaderamente libertad emocional y la posibilidad de sentir la belleza de lo que vayas experimentando; siempre aparecerán cosas diferentes, pero te aseguro que si no hay verdadera reconciliación desde el amor con nosotros y con los de alrededor, y con la vida en general, no hay paz interior, no hay verdadera libertad, no hay sanación real.

Y recuerda que muchas veces hay que reelegir los vínculos; amar no quiere decir soportar, no quiere decir que hay que someterse; es decir, que en el fondo hay que perdonar hasta que sientas que realmente el perdón se puede lograr a pesar de decidir no estar más en ese lugar o con una determinada persona.

Muchas veces tenemos que reelegir y alejarnos de alguien bendiciendo su camino. Lo hemos perdonado en nuestro interior, pero no significa que debemos soportar que interfiera en nuestro camino, entonces lo soltamos energéticamente y que siga su rumbo sin permitir que dañe el nuestro. Eso también es amarse a uno mismo.

El cuerpo es el medio de comunicación, no la mente... ¡escuchémoslo!

La mente tiene que estar al servicio nuestro, la necesitamos para armar nuestros planes y acciones, pero debemos controlarla porque ella generalmente cree que tiene que preocuparte, así te protege, pero lo que hace es trasladarte siempre al futuro creando ansiedad.

Una buena manera de controlarla es con la respiración consciente. La mente debe ser tu aliada, tu amiga, pero esto será posible sólo si crees en ti mismo y en tus capacidades; por el contrario, cuando crees que no eres capaz o no eres suficiente se transforma en tu enemigo número uno.

Observa tus diálogos internos y observa qué historia te estás contando de ti mismo. Cuéntate historias de infinitas posibilidades, de alegría, de amor. Deja de contarte esa historia del pasado que te trae tristeza, que te baja la energía. ¿Qué historia te estás contando ahora? ¿Alguna que dé miedo? ¿Alguna de terror? Prueba, respira, dile alto a esa vocecita. ¡Recuerda que puedes detenerla! Cierra tus ojos, respira, siente y aprecia cada parte del cuerpo; inhala y exhala, concéntrate en tu respiración y agradece.

Hubo técnicas que me ayudaron más que otras, como la técnica de Reiki, la cual decidí más tarde practicarla, también para ayudar a los demás, dándome cuenta que sería una de mis nuevas actividades, ser terapeuta de Reiki.

Cuando te sanes, sanarás también a tus ancestros, y cuando lo hagas, te convertirás en el antepasado que ayudó a sanar a las futuras generaciones.

La sonrisa como parte de la sanación. Sonríe, que la vida te devolverá esa sonrisa

Le dedico un apartado a este tema porque además de ser una poderosa herramienta de sanación, reconstruirla fue a lo que más me dediqué en mi vida a través de mi profesión (odontología). La sonrisa es provocada desde una felicidad interior y esto hace que se genere espontáneamente; pero también, si esto nos cuesta y no sucede, puede ser a la inversa; planteo un ejercicio para generar pensamientos positivos, hacer en forma forzada el gesto de una sonrisa y llevarla como una actitud de vida.

El ejercicio es el siguiente: Probemos sonreír permanentemente y estar con una amplia sonrisa; con actitud de alegría, de gratitud, veremos que inevitablemente tenemos pensamientos positivos. Hagámoslo y nos daremos cuenta que si sonreímos haciendo ese gesto, aunque sea forzado, es imposible pensar negativamente; por lo tanto, estaremos frente a una actitud de optimismo, la cual se reflejará en nuestra salud emocional y física.

Al reír se liberan en nuestro organismo compuestos químicos: endorfina, que mejora el sistema inmunológico; serotonina y dopamina, llamadas "*las hormonas de la felicidad*"; reír también reduce los niveles de cortisol, la conocida "*hormona del estrés*", disminuyendo el estrés y los niveles de ansiedad y depresión. Favorece también la oxigenación de nuestro organismo regulando el pulso cardíaco y disminuyendo la presión arterial. Alivia el dolor. Las hormonas actúan como analgésico natural, provocando calma.

También se libera adrenalina, que nos ayuda a estar más receptivos para aumentar la creatividad, ayudándote a generar los cambios que tanto deseas. Además, se involucran los músculos de la cara que rodean los ojos, cuello y maxilares, liberando tensiones, previniendo el bruxismo (apretar y rechinar de los dientes) y mejora las relaciones interpersonales, facilitando la socialización.

Sonreír se utiliza como medio terapéutico; existe la terapia de la risa, yoga de la risa, etc. Tenemos que ejercitar el hábito de sonreír y *"que sonreír sea un hábito"*.

Estuve más de 20 años construyendo sonrisas y algo sentía que me faltaba, sólo trabajaba sobre los dientes… ¡me faltaba lo del alma!

Cuando entendí esto no paré de sonreír y de a poco se me fue ese rictus de preocupación en el rostro que hacía tiempo tenía. También participé de sesiones de yoga de la risa y fue genial.

Les aseguro que vivir así, alegre y amándonos a nosotros mismos, nos da toda la responsabilidad de vida, pero también todo el poder que es intrínseco a cada uno de nosotros; por eso, potenciar nuestro autoconocimiento y ponerlo en práctica es una poderosísima herramienta de sanación.

¿Te imaginas en las calles a gente sonriendo? Son los que han entendido todo: rostros relajados, sonrisas relajadas, vibrando alto, independiente de las circunstancias externas.

Seguramente habrá quienes te calificarán de loco y allí verás si te importa el juicio ajeno y el qué dirán. Pongamos de moda la felicidad… ¿Qué esperas para sonreír? Sonreír es salud… y es gratis. ¡Que sonreír sea un hábito!

CAPÍTULO 7

Salto al vacío, plena acción:Mi revolución

En medio de transitar esta primera parte del nuevo camino y como todas las cosas que iban llegando en el momento oportuno, llegó a mis oídos y como por arte de magia, esta canción, poniéndole palabras a lo que sentía y no podía expresar; resume todo lo que estaba sintiendo. A través de una letra inspiradora, las personas nos sentimos comprendidas. Me encantó y la comparto con ustedes; todavía la escuchó y me emociona.

Mi Revolución

(Grupo: Cuatro Pesos de Propina).

Hoy

La pelea que doy es quererme más.

Hoy

El grito que doy es silencio.

Hoy

Te pido perdón
si te lastimé el corazón.

Hoy

No quiero lo que me hace mal,
lo oscuro del juego.

Hoy

Que es tiempo de sanar
las heridas del tiempo.

Hoy

Que pronto será ayer,

regálate el momento.

Hoy

Pude ver quien soy,

conocerme más.

Hoy

El veneno encontró su remedio.

Hoy

Me doy el perdón si me lastimé el corazón.

Hoy

Vale más despertar que soñar
en este juego.

Hoy

Que es tiempo de sanar
las heridas del tiempo.

Hoy

Que es tiempo de ser luz...

Esa es mi revolución
llenar de amor mi sangre si reviento,

que se esparza en el viento
el amor que llevo dentro.

Esa es mi revolución...

El robo versus desapego

Cuando vuelvo de viaje de la casa de mi madre, después de cuidarla de su fractura y con la felicidad en mi corazón de sentir que habíamos bajado ambas el muro que nos separaba, llego a mi casa en la ciudad de Córdoba y encuentro todo revuelto... ¡Habían entrado a robar! No quedó un solo lugar sin revolver en la casa.

Hacía un año que estaba con todo este proceso de cambio y había adquirido herramientas para tomarme las circunstancias externas de otra manera. ¿Estarían empezando las pruebas? ¡Qué desafío el transitar el camino y poner en práctica lo que siento y digo! Lo estaba logrando. Me había quedado para eso 10 días con ella.

Encontré una casa muy revuelta, una energía muy densa. Fue muy fuerte para mí entrar y ver el escenario, pero lo tomé como un aprendizaje. Recordé todo lo que me había prometido durante esos quince días sola en casa, era esa misma casa la que me había albergado en mi retiro, en mi viaje a mi interior. Llamé a gente para que vinieran a auxiliarme.

Había entrado sola y no quería seguir avanzando ni subir a la planta alta, era demasiado fuerte el panorama; me quedé un rato inmovilizada sintiendo que tenía que moverme y ya irme, que ya había llegado el momento, pero no quise marcharme así, sino que acomodé todo y me quedé un tiempo más para superar los miedos, sin escapar, de lo contrario iba a trasladar los miedos al lugar donde fuera. Eso fue en enero, y tenía que pensar fecha para regresar a México.

Desarmar la vivienda para alquilarla

Todo ese tiempo lo aproveché para desapegarme de lo que ya no necesitaba, a seleccionar cada cosa, vender unas y regalar otras. Una vez que acomodé todo empecé a planificar para alquilar la casa, ya que económicamente necesitaría de eso para poder vivir en otro lugar, en este caso en el Caribe e ir cumpliendo mis sueños, ya que mi trabajo era el único sustento económico y no tenía ninguna otra entrada de dinero. Esto lo subrayo porque lo he escuchado mucho como excusa para no llevar a cabo el cambio en muchísimas personas.

Por eso recalco que fue un salto al vacío a donde había decidido ir; no me esperaba ningún trabajo, no estaba cambiando un trabajo por otro, estaba realmente "*saltando al vacío*".

De todas formas la *"couch"* en una sesión me ayudó a armar una red de sostén para que yo lo visualizara y me quedase más tranquila y pudiera dar el salto.

En esa red había personas que yo no quería molestar, pero las pusimos lo mismo para que yo me tranquilizara (todavía guardo el dibujo en una hoja de mi *"coach"*). Actualmente, después de todo lo que sucedió con la economía argentina y agregando la llegada de la pandemia, donde tuve que cerrar el consultorio, acudí a pedirle ayuda a esas personas; para mi sorpresa, me encontré con mi resistencia a recibir otro nuevo descubrimiento: no sabía pedir ni recibir, otra cosa para aprender; la evolución empezaría a llegar. Años de autosuficiencia me habían llevado a tanta estructura, tanta rigidez.

Pasaban los días y el desafío era desarmar la habitación de mis hijos, ya que ellos no estaban; yo era la que había tomado la decisión de mis cosas... ¿pero la de ellos? Habían vuelto a viajar y no tenían pensado volver, sólo sentía que estaba segura de lo que yo sentía que tenía que moverme e ir a otro lado, ya lo había sentido y ahora con el robo, aún más. Mi pensamiento era que estaba cuidando un tipo de museo, el espacio físico de sus dormitorios sin ellos. Necesitaba alquilarla para poder moverme económicamente más libre.

Se lo comuniqué a mis hijos y me respondieron: *"Lo que vos necesites y quieras hacer mamá"*.

Así empecé con la mudanza. Día a día y de poco en poco comencé a empacar algunas cosas, a vender otras y también a regalar; empecé a conectarme con el desapego... ¡qué maravilla!

La felicidad que me provocaba trabajar el desapego era de lo más hermoso que me había sucedido en ese proceso. A cada cosa le daba las gracias por la utilidad prestada y me llenaba de satisfacción sentir lo rentable que iban a hacer para otras personas; además, en ese momento no sentía miedo a la carencia, cosa que después de muchas veces volví a sentir, o siento, pero cada vez con menor intensidad.

Siempre entendí que la conexión con nuestro interior, con la fuente que nos creó, que es abundancia infinita, es lo que hace desaparecer ese miedo, esa sensación de carencia y cosas que para mi mente racional no serían entendibles por mi programación.

Hay cosas que regalé sin contarle a nadie. Estaba conectada con mi ser interior, con mi yo superior y en total armonía con la creación; la sensación de dar sin esperar resultados son increíbles. Si damos lo mejor de nosotros esperando recibir en la misma proporción, siempre habrá una molestia por no ser recíproca la respuesta.

La experiencia de soltar y dar es uno de los tesoros que tengo guardado.

Atravesé por muchas sensaciones y estados emocionales durante el tiempo que llevó desarmar la casa. Lo que más me costó fue la habitación de Camila, ya que habíamos comprado tantas cosas juntas en nuestra época de consumismo desmedido, porque también lo tuve y no me arrepiento; son etapas y soy consciente de lo que dan y quitan. Además, mi hija estaba en ese momento viajando y sin un espacio físico fijo, por eso le tuve que preguntar sobre cada cosa que quería hacer; doble trabajo para mí.

Pablo, en cambio, justo un mes antes había llegado de visita a Argentina y antes de regresar a México desarmó su habitación; para él también fue frustrante cuando sacó todo, me dijo que si bien quería que yo me fuera en busca de mis sueños, para él era difícil sentir que cuando volviera no iba a tener más un hogar al cual llegar.

Le contesté que a donde fuéramos encontraríamos el hogar ideal, que mi casa tiene alas ahora. Estaba segura de lo que decía porque así lo sentía, aunque no dejaba de ser consciente que era aterrador por mi estructura mental, pero de verdad sentía lo que expresaba en mi corazón; el sentir y ser auténtica eran mis luces en mi nuevo camino.

Las cosas se acomodan como tienen que ser... Mucho después, durante la pandemia en el 2020, a los nuevos inquilinos les fue imposible ocupar la casa. Pablo quedó varado en Argentina y afortunadamente utilizó nuestro hogar para vivir todos esos meses, hasta momentos impensados. Una vez más entendí que la energía organizadora del Universo acondiciona las cosas como tienen que ser, cuando todo se lleva a cabo desde el sentir y desde el amor.

Continuando con mi relato anterior, una noche, al querer sacar el decorado de la habitación de *"Cami"*, me dio un dolor en las manos y no las podía mover; el cuerpo expresaba lo que yo sentía: era culpa. Me di cuenta, lo hice consciente.

Hablé con *"Cami"* para ponerle luz a la situación y justo en ese momento pasó el dolor. Preparé todos los bultos y los enumeré prolijamente. Lo último que embalé fueron unos cuadros, los cuales había pintado yo; me costó mucho hacerlo, pero trabajé el desapego.

Llegó el camión de la mudanza para llevar los muebles a un guardamuebles dónde resguardarlos; al llegar al lugar me aseguré que todo quedara apilado, saqué fotos y me volví a casa antes de viajar a México, ahora si ya con vuelo programado para el 19 de septiembre del 2017; no quise irme a otro lugar porque sentía la necesidad de despedirme sola y estaba muy feliz. Ivón me prestó una colchoneta que puse en el piso de mi dormitorio y dormí ahí despidiéndome muy relajada con la casa completamente vacía.

Yo sentía que estaba haciendo algo que me llevaría a experimentar mucha felicidad. La mañana de ese día desperté muy motivada y con las maletas ya listas; ahora comenzaría mi viaje con maletas, pero cuando las llevas con el corazón abierto y conectada con tu interior no pesan, te sientes liviana como si no las tuvieras, y a sabiendas de que siempre tenemos que hacer un viajecito a nuestro interior sin ellas. El pasaje ya lo había comprado desde el mes de julio.

Pablo y Camila no iban a estar en México porque estaban de viaje por Estados Unidos, pero yo sentía que en algún momento nos encontraríamos. Si bien nunca sentí que fuera atrás de mis hijos, confieso que siempre han sido un motor que me impulsa. Me entusiasmaba mucho saber que en cualquier momento podríamos reencontrarnos, aunque ellos nunca tengan un itinerario definido.

El día 7 de septiembre del 2017 cuando preparaba la mudanza, llegaban mensajes para saber si los chicos estaban en México, lo cual me llamó la atención porque no eran pocos amigos los que me preguntaban por ellos.

Me cuestionaba el por qué lo hacían con tanta insistencia.

Preocupados, contestaron que hubo un terremoto de mucha intensidad en México. Me di cuenta del estado de conciencia elevada que estaba teniendo, porque aunque mis hijos no estuvieran allí, sentía que a esa gente afectada la sentía como mía.

Me sensibilicé de tal manera que sentí la imperiosa necesidad de ayudar. Mi alma comenzó a sentir que estaba ahí apoyando.

Creo que todos somos uno y que estamos inmersos en una gran consciencia universal, así lo experimentaba; miraba videos de zonas afectadas y quería estar ahí, lloraba cada vez que veía alguna mala noticia provocada por el siniestro.

Recordé que Pablo me había comentado en distintas ocasiones que recorriera la República Mexicana (desde el 2014) porque no conocía más lugares que no fuera el Caribe, y yo le respondí que no era el momento porque mi deseo era disfrutarlos a ellos, atenderlos, cocinarles, mimarlos.

Pero ahora, con esta noticia del terremoto sentía la necesidad de ir a esa zona afectada, aprovechando que no estarían mis hijos en el momento que yo llegara.

Este sí iba a ser un viaje para recorrer y tener la oportunidad de conocer otros lugares, pero principalmente reclutarme de voluntaria para ayudar.

La zona más afectada era Chiapas y Oaxaca, hoy se que no existen las casualidades, sino causalidades; eran justamente los lugares a los cuales Pablo me había hecho referencia para que conociera, entonces pensé que había llegado realmente el momento de conocer y con un propósito que me llenaba el alma: auxiliar a esa gente, confortarlos y darles amor.

Volando a México

Cuando embarcaba para partir a México, más precisamente el día 19 de septiembre, me empezaron a llegar mensajes de personas de las cuales ya me había despedido, preguntándome si iba directo a Cancún o si iba a pasar por la Ciudad de México.

Con la misma interrogante que antes, volví a preguntar por qué, hasta que una amiga me dijo que había ocurrido otro terremoto devastador que había hecho que varios edificios se desplomaran y que mucha gente estaba desaparecida; además, el aeropuerto estaba cerrado.

Yo iba directamente a Cancún, pero fue entonces cuando tuve la certeza de lo que haría en este viaje, como si se hubiese revelado algo. "*Ya sé a qué voy a México*", le dije a una amiga, la cual me respondió: "*Simplemente cuídate mucho flaca*", y se terminó la conversación.

El silencio me invadió y comencé a caminar para abordar el avión, con la certeza de lo que sucedería. Una fuerza invisible me había movilizado a hacer todo el desapego aún antes de que sucedieran ambos terremotos; una fuerza organizadora que se mueve atemporal, esa fuerza que se pone de manifiesto sólo cuando estamos conectados a la "*fuente*" y con nosotros mismos; el plan se empezaba a desplegar.

Había cerrado en Córdoba, Argentina suavemente una puerta para que mi alma madurara en una vida nueva, con experiencias nuevas, ofreciendo mi corazón a donde vaya, porque con ese deseo me muevo.

Lo hermoso era que no tenía miedo, sería porque sólo sentía amor; hice todo lo posible en ese tiempo para vibrar en amor, sólo le daba lugar a esa energía que me abarcaba por completo.

El vuelo fue excelente, llegué a Cancún sin problemas. Viaje hasta Playa del Carmen en autobús donde pensé en quedarme unos días hasta averiguar cómo irme a Chiapas, y además dejaría parte del equipaje en casa de una amiga que había conocido en viajes anteriores.

Ella me alojó unos días mientras me ponía al tanto de las noticias sobre los acontecimientos. Para mi sorpresa, no era tan fácil que la gente hablara mucho del tema, como si fuera un país distinto; al ser una zona de mucho turismo se vivía un contexto diferente y alejado, de cierto modo, de la realidad del país.

Me encontraba con centros de acopio de provisiones que se enviaban a los damnificados, pero se hablaba poco del tema, aunque podía haber algo de noticias por televisión.

La gente me veía raro cuando expresaba el deseo de ir a Chiapas para ayudar, como diciendo que en lugar de agradecer el estar en una zona de confort prefería arriesgar la vida en caso de que volviera a temblar.

No me daba miedo eso. Para mi sorpresa, era miedo a lo desconocido, al lugar nuevo y a la gente extraña. Había salido realmente de la zona de confort para conocerme a mí misma.

Voluntariado

Me di cuenta que cada persona expresa sus propios límites, sus propias excusas y sus propios miedos; y eso es increíble, porque ellas, quienes me dijeron que había enloquecido por querer emprender mi viaje donde se había suscitado el terremoto, luego a mi regreso me confesaron que les hubiera gustado animarse a hacer algo similar.

Comencé a recorrer los lugares para que me asesoraran sobre la ruta que me llevaría a San Cristóbal de las Casas y que estuviera habilitada, y de algunos otros lugares alternativos para poder ir, pero nunca en avión.

Quería estar despierta para conocer los lugares por donde pasaría, pero el cansancio y el estrés previo me hicieron dormir, o tal vez por la relajación de encontrarme en camino. Traté de sacar información en la policía turística de Playa del Carmen y en otros lugares, pero nadie supo orientarme.

Tampoco entendían qué deseaba hacer yo. Le escribí a mi profesora de yoga en Argentina, contándole de mi intención de ayudar y me pasó un contacto ubicado en Playa del Carmen, ya que ella había vivido 9 años en México.

El contacto era un psicólogo que tenía un centro de terapias holísticas, quien me dijo estaba haciendo escuchas telefónicas para ayudar a la gente que era presa del miedo; fui a visitarlo y me contó lo que hacía, y me preguntó: "*¿Qué quieres hacer?*"

Emocionada, le contesté: "*¡Abrazar a esa gente; contenerlos! ¡Abrazar a los niños más allá de llevar las provisiones!*". La emoción me invadía.

"*Bueno, entonces no te queda otra que comprar un pasaje a Chiapas e ir*", aseveró.

Salí de allí con la decisión de hacerlo, y escribí esa noche en mi cuaderno:

"Tengo una brújula qué es mi corazón, un mapa que es mi mente y un guía que es mi alma".

Fue en ese momento que pasé a otra etapa de mi vida. Nuevamente aparecieron los miedos. Sí. Aquellos que yo pensé habían desaparecido. Tenía que comprar el pasaje que me llevara a lo desconocido (que mucho tiempo atrás había querido conocer), pero ahora era en una situación distinta.

Esta incertidumbre me provocó que se me hincharan los tobillos de una manera exagerada; yo nunca había tenido ese problema. Iba a la playa y ya no me atraía, no le encontraba sentido estar ahí. Recuerdo mirar al cielo y desear estar en la zona en donde había temblado, sentía que ese era mi lugar en ese momento.

La hinchazón de mis tobillos me preocupaba porque si tenía que hacer largos recorridos no lo iba a soportar.

¿Qué significaba? ¿Cuál era el mensaje? ¿Tenía que quedarme en Playa del Carmen y no ir a Chiapas? Eran mis miedos que no me permitían avanzar.

Ya con la consciencia de que mi cuerpo quería expresarse, que es el interlocutor del alma, que es el espíritu manifestándose, pensé: 'Tengo que interpretar este síntoma, este mensaje'.

Escribí a Karina, mi terapeuta holística de Argentina, quien me estaba acompañando en este proceso de sanación y que me ayudaba a descifrar mis síntomas.

Mis tobillos representaban el miedo a lo desconocido y me decían que me quedara quieta en ese lugar, que no avanzara; le estaban hablando a mi alma.

Apliqué la técnica de "hoponopono", masajeaba mis tobillos y con la conciencia amplia les agradecía por avisarme de la necesidad de cuidarme, pero que mi alma quería avanzar, le hablaba a mis miedos agradeciéndoles la alerta, y diciéndoles que tomaría precauciones, entendiendo el mensaje dado.

Eran días lluviosos y no estaba como para ir a la playa, entonces me quedaba en casa, aunque la constante lluvia era una excusa para no viajar. Me desperté un día con mucho ánimo y decidí comprar el pasaje; ese miedo a lo desconocido me hizo paralizar, pero yo tenía la necesidad imperiosa de ir a ese lugar devastado por el sismo.

Al mediodía, cuando estaba por ir a la terminal a comprar el boleto, recibo un mensaje de mi sobrino José María, quien estaba viajando; había pasado por la zona donde yo estaba antes de mi llegada y ahora él estaba en Canadá.

Tenía interés por pasar de nuevo por México y al enterarse de que yo estaba en este país deseaba quedarse unas semanas para conocer algunos lugares juntos, antes de regresar a la Argentina.

Entonces, yo le conté de mi plan, con la certeza de saber que iría a Chiapas, pero no como turista, sino como voluntaria para ayudar a los damnificados del terremoto, y que además sería por un tiempo indefinido.

Respondió diciéndome que estaba dispuesto a echarle una mano a esa gente, pero que sólo podría estar una semana porque ya tenía el boleto de regreso a Argentina.

Ese mismo día acudí a comprar los dos pasajes. Sentí que todo se había acomodado para que mi sobrino me acompañara, a pesar de que yo ya había detectado mis propios miedos y que había decidido avanzar por mi cuenta; aprendí de lo que se trataba esta situación.

Me encantó la idea de su compañía. Un año antes yo ya había estado en contacto con José María, porque iba a hacer cirugías odontológicas al consultorio de su mamá, en Mendoza, Argentina, lugar en donde viven, y él me ayudaba de asistente, ya que estudiaba en ese momento la carrera de odontología, algo que también nos unía.

Ya más relajada, emprendimos juntos el viaje a Chiapas, aunque mis tobillos seguían hinchados. Una noticia más nos sorprendió en el viaje. Mi sobrino recibió un mensaje de un amigo a quien le contó de nuestro viaje a Chiapas, éste le comentó que una de sus amigas se quedó varada en ese lugar por consecuencias del sismo. *"Está en un voluntariado para ayudar"*, dijo. El nombre de esta persona es *"Leti"*, quien es una persona increíble y que la vida puso en mi camino.

Fue entonces cuando empezaron a aparecer las señales. Las dudas se disiparon y fue sólo cuestión de sortear los miedos, animarme a sacar el pasaje y echarme a andar.

Contactó a su amiga *"Leti"* para presentármela -divina por cierto, ahora somos grandes amigas. Me contó que le parecía raro que José anduviera acompañada por su tía; algo que nos causa risa cuando lo recordamos.

_*"¿Y qué hace tu tía?", preguntó.*

_*"Es odontóloga"*, respondió mi sobrino.

_*"Buenísimo* –contesta. Se necesitan odontólogos en las comunidades afectadas".

Sentí aún más que todo se desplegaba como mi alma lo deseaba.

Me relajé tanto (todavía me emociono al recordar mi felicidad) que dormí casi las 24 horas que duró el viaje. Había rutas cortadas a consecuencia del siniestro, motivo por el cual se alargó el traslado.

José me reclamaba el por qué había decidido ir por tierra, cuando supuestamente yo quería disfrutar del viaje, pero me había relajado bastante por lo que me resultó imposible estar despierta.

Por fin llegamos a San Cristóbal de las Casas. ¡Qué hermoso es! Me enamoré del lugar desde el momento en que llegué, sentía como que en otra vida ya había vivido ahí. Fuimos a buscar alojamiento y después salimos a comer algo.

En el primer lugar del pueblito al que llegamos nos paramos a leer el menú. En ese momento tocan la espalda de José para saludarlo, era Anita y Juan -ella española y él argentino. Eran dos de sus amigos que él había conocido en su paso de México a Canadá. Yo no los conocía.

Las causalidades y sincronizaciones ya estaban manifestándose una tras otra, llevándonos al lugar de destino, ya que ellos nos contaron que estaban en un grupo de voluntariado y era el mismo al que iríamos nosotros; charlamos un rato y ellos nos contaron algo de su experiencia, ya que ellos sí estuvieron el 7 de septiembre, precisamente cuando sucedió el terremoto.

Poco a poco seguía relajándome, mi alma volvía a mi cuerpo; la calidez de la mirada de Anita y el temple de Juan hicieron que yo me convenciera de que ese era el grupo y el lugar que nos estaba esperando.

No recuerdo si esa misma noche, o la noche siguiente, conocimos a la coordinadora del grupo, Edrei González Hernández, quien tenía una fundación denominada *Colectivo Xu'*, de arte para sanar, realizando talleres y actividades culturales en zonas rurales e indígenas para contribuir a la transformación social. Charlamos con ella y nos contó que fue primero a ayudar a la defensa civil, pero sentía que quería hacer algo distinto, algo más que repartir alimentos y ropa; quería escuchar a la gente, estar con ellos, compartir, abrazarlos o jugar con los niños, que practicaran actividades que les hicieran olvidar tan amarga situación, y por eso quería hacerlo ahora a través de su programa.

Confirmé entonces que el Universo me había llevado a donde yo quería estar, donde yo lo había deseado. Me sentía segura y en el lugar indicado.

Para esa noche mis tobillos se veían normales, como si nunca se hubiesen inflamado, a pesar de las 24 horas de aquel extenuante viaje. Di repetidas gracias por todo lo acontecido y dormí.

Me convencí una vez más de la sincronización de las causalidades. ¿De qué? De todo.

Todo se sincroniza cuando uno es claro con sus deseos y siente gratitud con el sentimiento del deber cumplido, por frecuencia vibracional; lo que deseas viene hacia ti, esa es la magia que existe en el mundo. Hay que salir de la zona de confort para encontrarla, y luego ser claro con lo que pides y agradeces mediante vibración que emite el sentimiento, no sólo con las palabras.

Con ella y su gente visitamos algunas comunidades hasta dos veces para hacer seguimientos de cómo iban y cómo se sentían; averiguamos también a cuáles regiones no llegaba el apoyo gubernamental para nosotros tener presencia.

Fue tan hermoso y tan enriquecedor que mi alma volaba; nos íbamos en camionetas que nos prestaba la gente; donaban paquetes de primera necesidad, los cuales organizábamos por sexo y por edades para que pudieran llegar a la gente para su aprovechamiento.

Todo eso lo hacíamos con mucho amor y con el propósito de alegrarles el momento; una pequeña luz en la oscuridad del caos. Necesitaban contar lo que habían vivido.

Lo que recibimos nosotros fue mucho más de lo que habíamos llevado, el amor que nos expresaban era desinteresado.

A veces hacíamos reuniones en la plaza con los niños para darles charlas de salud bucal, repartirles cepillos dentales o realizar algún trabajo de arte, pintar o sólo jugar. Algunas personas, en agradecimiento, nos invitaban para que fuéramos a sus casas a merendar; nos hacían tortillas, pozole y diferentes comidas para agasajarnos.

Cuánta manifestación de amor. ¡Qué hermoso es ver a los niños felices! Aprovechando que me quedé dos meses más repartimos juguetes para la Navidad y Día de Reyes.

Durante los primeros días que llegué a San Cristóbal me acordé de que Pablo, mi hijo, cuando había estado ahí hacía varios años, enfermó de gastroenteritis y conoció a una persona de nombre José Bulmaro González García, quien lo ayudó a superar ese padecimiento. Sentí la necesidad de contactarlo para agradecerle personalmente y devolverle, a través mío, algo del amor que había recibido mi hijo.

Lo conocí personalmente a él y a su familia, cálidas personas; no es casualidad que ellos estuvieran conduciendo también una fundación de ayuda a la comunidad. En la primera charla José tuvo la sensibilidad e inteligencia para darse cuenta de lo que yo buscaba, además de agradecerle las atenciones para con mi hijo.

Tuvo la calidez de invitarme a su fundación, y que lo acompañara a su colegio donde daba clases a los alumnos de la secundaria, participé en algunas clases de odontología, otras de proyecto de vida. Hicimos diversas actividades y algunas las coordiné con Edrei también, como talleres de bordado, reflexión, repartir ropa, entre otras.

También José me invitó a ir a las *"Aldeas Infantiles"*, hermosa experiencia que tengo para siempre en mi corazón, que contribuyó a mi crecimiento personal y a ser mejor persona cada día, y a transmitir el mensaje de que el poder del amor es capaz de revertir la oscuridad en luz; es la energía que te aleja del miedo y hace que en situaciones de inseguridad, como era la del terremoto, sientas una seguridad total, que viene de adentro de cada uno y de ningún otro lugar.

Así, pasando mis días en San Cristóbal, había momentos que no había actividad en grupo, entonces aprovechaba para conocer algunos lugares, para escribir, para sentir y sentirme.

José María se quedó un poco más de una semana y luego regresó a Argentina. Yo me quedé sola y me fui a vivir a un hostel antiguo estilo mexicano, con un patio central, un aljibe y una galería alrededor donde daban las habitaciones.

Me despertaba al escuchar el canto de los gallos. El lugar me recordaba aquellos momentos de mi niñez donde sí me había sentido feliz. Ahí es donde también sentí la necesidad de escribir al remontarme a aquellos momentos cuando jugaba a la casita en el gallinero de mis vecinas, en mi pueblo natal.

El lugar también me hizo recordar la casa de mi tía Josefa en mi pueblo Alejandro Roca, Argentina, en donde había mucho amor, a diferencia de la mía, donde había mucha energía de miedo y de preocupación que hacían que no se sintiera el amor.

Yo siempre percibía profundamente que hay algo más en la vida que lo sustenta todo; no me conformaba con las mismas respuestas a los mismos problemas que me llevaban a un sentimiento de sufrimiento, lucha y sacrificio. Una voz dentro de mí me decía: *'Esto no es la verdadera vida'.*

En Argentina me despertaba angustiada y sentía culpa, ya que no ocurría -afortunadamente- nada grave alrededor. Estábamos con salud y teníamos todo lo que necesitábamos mis hijos y yo, pero había algo por cambiar, pero no sabía detectar bien qué era. Había algo más para mí que ser solamente la espectadora triste y sufrida de un mundo que pareciera ser que no reconoce de qué energía estamos hechos.

CAPÍTULO 8

Redescubriendo la vida... Que la magia continúe

Ya había experimentado muchas veces sensaciones de intuición y experiencias sensoriales extracorpóreas y de percepción que no me animaba a contar. Sabía que eso me marcaba un camino y que eran señalamientos hacia otro posible rumbo, por eso sentía que este cambio era hacia algo más espiritual, pero éste se veía lejano, invisible, incierto y no sabía cómo comenzar a transitarlo, aunque tuviera en el fondo mucho deseo de hacerlo.

Recuerdo haberle contado de estas experiencias al profesional que me atendió cuando tuve el episodio de pánico. Me dijo que no le contara a nadie esas cosas, que me las guardara para mí (consejo de medicina tradicional). ¡Qué manera de adormecer a la gente! Con esa pastillita todo sigue marchando aparente y superficialmente bien, pero obviamente no para los que no nos conformamos con eso.

Los deseos de descubrir todo este mundo quedaron ocultos por un tiempo, pero ya no los pude tapar porque el llamado de mi alma fue siempre muy fuerte. Salieron una y mil veces más a buscar rumbo para expresarse.

Otras experiencias todavía no las he contado. Ahí están esperando su tiempo, su momento, su significado. Cuando sentí que realmente somos guiados por una conciencia superior fue cuando me rendí, confié y comencé mi proceso de transformación, pero para eso tuve que pasar por procesos de desapego, de reelecciones, siendo totalmente auténtica con lo que iba sintiendo… esa fue la llave.

Presentía y deseaba otra manera de experimentar la vida, pero nuestra cultura y sistema de creencias hacen que terminemos viviendo una vida que no es nuestra sino de la programación inconsciente que hacemos.

Es así como fui de a poco desarrollando la conciencia de que estaba atrapada por dichas creencias y costumbres sociales y familiares que determinaron mi manera de percibir las cosas, y por fin comprendí que ***las cosas no son como las vemos, sino que las vemos como somos.***

Esa persona que estaba viendo de esa manera las cosas no era verdaderamente yo. El verdadero desequilibrio del ser humano comienza cuando lo que se desea y se decide toman caminos diferentes, por lo que aparece la insatisfacción, una batalla interna entre lo que anhelamos de verdad y lo que socialmente es correcto o aceptable. Entre lo que conviene y deseamos se abren abismos donde solemos caer y provoca que enfermemos.

Me animé a vivir en contacto con el alma o desde el alma, porque sentí que ella tiene un propósito qué cumplir, que es sentirme plenamente feliz por mis propios medios y luego ayudar a otros a lograr lo mismo. Empezaba un nuevo camino para mí. *'Ella (mi alma) sabe quién soy'*, me repetía en silencio.

No lo sabe la sociedad ni la familia, sino el alma. La familia debe dar amor, pero no marcar las pautas a seguir porque si no puede opacarte, entristecerte o enfermarte. Primero hay que escuchar la voz del corazón y luego idear un plan de cómo lograrlo con la mente, pero no debe ser ésta la que tome las decisiones de nuestros deseos, sino sólo usarla como un servidor para armar el plan para llevar a cabo esas decisiones ya tomadas por el corazón; para eso debemos tener confianza en escuchar al alma y accionar: ***es un trabajo en equipo, corazón, mente y espíritu.***

El corazón emite una señal que es la emoción; la mente detecta e idea el modo de llevar a cabo eso que pide el corazón. Si las decisiones son tomadas desde esta unidad interna, venciendo las limitaciones sociales y de la mente, habrá actos llenos de coherencia y energía en la tierra, y hará que avancemos en el camino con paz y alegría, y sucederán cosas insospechadas para impulsarnos en el camino de evolución, vibrando de otra manera.

El sentimiento tiene un verdadero poder creador. Podemos tener sentimientos de miedo o sentimientos de amor.

En el pensamiento no hay energía, pero a través de él se crea el sentimiento y éste tiene el verdadero poder creativo. El centro creador está en el cerebro pero necesita de la fuerza del sentimiento que lo acompañe.

La emoción es un golpe fuerte que puede durar muy poco y debemos estar atentos para que no invalide sentimientos.

Cada mañana, al despertar, deberíamos elegir los pensamientos a tener, de la misma manera que elegimos la ropa para vestirnos, así creamos los sentimientos que queremos y deseamos tener para ese día. Así iremos creando nuestro día y nuestra vida. Como todas las cosas que llegan, cuando se está dispuesto o dispuesta a recibir, las sincronizaciones se van dando, marcando el camino.

Tuve en mis manos una publicación que traía un artículo en el cual hacían mención sobre el cerebro emocional de una persona altamente sensible. Al leerlo me sentí identificada con el escrito. *'Eres sensible, no débil'*, decía.

Fue como ponerle nombre a lo que sentía y no podía describir desde hace años. A veces me sentía débil porque era sensible, ocultaba mis emociones porque era visto como debilidad, por tal motivo me inventé una coraza y una estructura de defensa para no mostrarme con todos tal como era y cómo sentía, por miedo a que me lastimaran y que la opinión de los demás pudiera influir sobre mí. *"Hoy decido que mi alta sensibilidad sea mi mayor fortaleza porque realmente me reconozco en ella"*.

Me sentía viviendo la vida a pleno... ¡Mi vida! Sentí el estado de felicidad que tanto anhelamos. Es tan sólo volver a nuestra esencia, no depende de nada externo a nosotros... y lo estaba comprobando.

La felicidad no es ninguna meta, no es ningún destino, sino que es el camino. Esto es lo que experimento en la actualidad, pero siempre y cuando ese camino se viva en esencia, estando uno mismo en presencia, dando amor; o sea, emanando lo que somos. Esa es la verdadera felicidad. Para poder llegar a donde quieres, primero debes hacerte feliz vos mismo... ¡Sentirte feliz!

La dicha de estar consciente sólo por la existencia.

(En sánscrito, Saccidananda).

Y por fin lo estaba entendiendo y lo estaba experimentando. Uno de esos días que no teníamos actividad en el grupo del voluntariado aproveché para seguir conociendo el lugar, y sucedió algo mágico que lo escribí ese mismo día para no olvidar detalles.

San Cristóbal de las Casas, Chiapas, México, a 26 de octubre de 2017.

Hace exactamente un mes y siete días que salí de viaje desde Argentina. Estoy guardando todo lo vivido en mi corazón, pero necesito ahora dejarlo escrito como testimonio de que la magia, a través de la energía, existe.

Estoy emocionada y rebasa esa sensación, tanto que llega al papel. Estoy viviendo cada día como quiero que sea: sintiendo, eligiendo cada día lo que mi corazón me dice hacer. Anoche, pensaba en irme hoy a una excursión porque no había trabajo en el voluntariado.

Era día libre y me hice la pregunta de si realmente tenía ganas de conocer un lugar nuevo. Y la respuesta fue que no, que por ahora no tenía la necesidad de conocer, que si iba sólo era para conformar a mi mente estructurada que me decía que apenas conocía pocos lugares y no estaba aprovechando; o sea, poco de lo que la guía de turismo propone, pero es mucho de lo que yo necesito y quiero. Entonces decido quedarme en San Cristóbal a pasar el día conmigo misma y no irme a ninguna excursión.

Y volvía a escuchar esa voz interna que me decía que debía aprovechar, que ya que estaba allí era una lástima que no disfrutara tantos lugares por conocer. Me torturó un rato hasta que la acallé y le dije: '*Ahora son mis gustos, no son más los tuyos; mis sentires, mis decisiones y mis tiempos*". Entonces me levanté a desayunar y comencé a agradecer el nuevo día y a "*sentirme*" para ver de qué tenía ganas.

Así fue que salí a caminar sin rumbo con un libro en la cartera. Enamorada del pueblo, saqué unas fotos apenas salí del hostel; me propuse disfrutar de lo que iba viendo en cada paso, en cada mirada con la gente, en cada saludo. Me detuve en una tienda y compré una falda larga que necesitaba para un taller de sanación del linaje femenino al que me había inscripto.

Seguí caminando por la calle principal del centro del pueblo, la Real de Guadalupe, con los ojos de un niño que se maravilla por todo, con la firme decisión de que... ¡hoy será un gran día! Repitiéndome mentalmente: '*Dejaré que la vida me sorprenda*', con la absoluta convicción de que si vibraba en alta frecuencia, así sería.

Sentía que por el solo hecho de estar allí ya era mágico, y mientras avanzaba iba repitiendo '*Gracias, gracias, gracias por todo lo que soy, por todo lo que tengo, y por todo lo que viene a mí*'. Era la felicidad de existir y estar allí, sólo eso. Hubiese querido gritarlo pero no tenía intención de armar ningún revuelo, sólo deseaba seguir nadando en mi interior donde me sentía plena.

Continué caminando hacia el cerro donde está la Virgen de Guadalupe, donde se divisa una increíble panorámica que inspira aún más a agradecer.

Sentí deseos de entrar a la iglesia. Cuando llegué arriba (había subido días anteriores pero no había querido entrar) ingresé y me senté con la intención de conocer, pero principalmente con la intención de no juzgar, ya que yo estaba alejada de la religión porque mi madre, a través de ella, me había inculcado miedo al castigo y culpa durante mi crecimiento (por sus propios miedos, como conté anteriormente).

Entonces, ahí permanecí un rato sintiéndome libre, sin cargas, plena, apagando la mente para no juzgar... ¡y lo logré!

La recorrí un rato con la mirada con una actitud de aceptación a lo que es, y no de crítica, lo que me provocaba mucha paz interior, aunque no sintiera deseo de practicar la religión católica; me relajé aceptando la parte de ella que abarca el bien general y el amor. Yo había crecido en una familia católica pero con un Dios castigador producto de los miedos de mi madre como ya les conté.

Me retiro de la iglesia con ese sentimiento de libertad emocional, plenitud y gratitud. De ahí decido ir a un bar que se localizaba a un costado del mismo cerro, y que además tiene una vista maravillosa, con la idea de leer un rato y comer algo.

Llego al bar. Entro y paso al balcón de la terraza. Observo un rato. Siento y elijo una mesa para sentarme; no había casi gente, sólo tres o cuatro personas paradas conversando a las cuales saludo antes de sentarme. Se me acerca el mozo y le pido un plato de frutas de estación con un jugo; tan pronto se retira el mozo, una de las mujeres que permanecían paradas conversando me aborda, y con una dulzura de esas que te acarician el alma, me pregunta de dónde era.

_*"De Argentina"*, le respondo.

Y me dice:

_"*¿Sos turista?*", a lo que respondo:

_"*Sí. Y voluntaria por el terremoto*" (esa fue toda la conversación).

De repente la veo sentada a mi mesa con chequera en mano preguntándome mi nombre.

_"*¿Cómo te llamas? Quiero hacer una donación*".

Yo veía la cifra que estaba poniendo y no lo podía creer.

Entonces le digo:

_"*Sería bueno que antes se fije en las redes sociales del grupo al que pertenezco*".

_"*No hace falta*", *me dijo.*

_"*Dime tu nombre*", insiste.

_"*Es que soy turista y no sé si puedo cobrar ese cheque*", *le respondí.*

_"*Sí puedes*", me dice (se da cuenta de mi resistencia)...

Hagan ustedes su propio análisis: No saber recibir, falta de confianza, desconfiar de la energía de atracción, de la magia, etc.

Le digo mi nombre y mientras escribía me confiesa:

_"*Sabes cómo me gustaría estar haciendo lo que tú haces, pero por mi trabajo no puedo, y deseaba colaborar de alguna manera. Lo haré a través de ti. Yo estoy de paseo aquí visitando a mi hija que tiene este restaurante, soy de Monterrey*".

Se acerca el esposo y ella le cuenta. Él, sin pensarlo, me da otro monto de dinero. Yo estaba sorprendida y emocionada. Ya no teníamos efectivo en el voluntariado ni para la gasolina para ir a los pueblos, y además ya eran pocas las donaciones que se estaban recibiendo. Esta aportación nos daba la posibilidad de seguir yendo a los lugares afectados para seguir visitando a la gente.

Me pide que la espere un momento y hace una carta para la gente pidiéndome que se las leamos en cada comunidad. Nos intercambiamos teléfonos para después retirarse de mi presencia. Yo terminé de comer mis frutas mientras miraba el poblado; las lágrimas rodaban sobre mis mejillas hasta caer sobre la mesa. Estaba inmovilizada.

Le escribo a Edrei, la organizadora del Colectivo, para contarle y compartir la alegría. A la semana me llama la misma señora para que acuda a recibir el doble del monto en efectivo que había donado, además de muestras de medicamentos y juguetes para los niños de las comunidades.

¡Ah! Me olvidaba contarle que el nombre de la señora es Guadalupe (¿casualidad o causalidad?, ¿sincronización o coincidencia?)

Regresé al hostel como un niño enamorado de la vida. Yo lo había atraído energéticamente, fue la expresión de la hija de la Sra., en una charla que tuvimos días posteriores, cuando acudimos al bar a recolectar las otras donaciones, fue que había sido increíble la manera en que nos habíamos atraído energéticamente, ya que su mamá dejó de conversar con ella cuando me vio y se fue directo a mi mesa).

_*"Como que la absorbiste con tu energía"*, me dijo, y agregó que hasta en un primer momento la retaron por ir a molestar a un cliente, ya que era raro que hiciera eso.

Nos habíamos atraído: una persona con el sentimiento y deseo claro de dar, y otra persona en total energía de gratitud para recibir.

Fue hermoso sentir que es posible vivir de esa manera, que así funcionan realmente las leyes del Universo, de la creación, que sólo no se da porque interferimos, controlamos, actuamos por miedos y el deber ser. Si me hubiera ido de excursión, sin sentirlo, nada de esto hubiera sucedido.

Siguieron pasando los días, algunos de voluntariado y otros libres, de los cuales me fui de excursión porque ahora sí lo sentía. Conocí lugares hermosos de mi querido México.

Noviembre 9 de 2017 (me conecté de nuevo con la escritura)

Ayer fue un día de los que los fantasmas se apoderan de nosotros y las emociones interfieren en los sentimientos, y la mente se encarga de armar un escenario patético. Sentía todas las emociones de baja vibración, como tristeza, bronca, envidia, soledad, etc... ¡Qué espantoso sentirse así!

Las analicé. No me asusté y decidí que iban a durar lo menos posible con tal de que no emitieran ninguna señal a mi corazón, que generaran sentimientos que atrajeran hechos no deseados de baja frecuencia.

Para eso debí poner atención en lo que quería atraer: *'Dónde está tu atención allí estás vos'*, me dije, y así de a poquito volví a mi eje como aquel náufrago que logra volver a la orilla. Me dormí y me desperté mejor, disfrutando, pero sobre todo agradeciendo haber podido sola salir de esa situación, echando mano a la calidez de lo bueno y habiendo confiado que pasaría (porque muchas veces tenemos la fantasía de que no se irán esas emociones que nos visitan cada cuando, y el miedo a que se queden para siempre hace que nos desesperemos y angustiemos aún más).

Lo que desespera no es el flechazo de lo que recibimos sino creer que no pasará, que no habrá curación.

> ***"Por lo general nos asustamos y vivimos amenazados por cosas que no suceden jamás, que sólo están en la cabeza y consumen toda la energía vital".***
>
> **Paloma Cabadas**

Lo de ayer parece un recuerdo lejano. Fueron los miedos que me visitaron, famosos actores de mi vida. Me llegan mensajes de personas queridas, de afectos; camino por la naturaleza confirmando que así quiero vivir: sin miedos, en amor, agradeciendo lo que existe.

Pido a la vida vivir así conectada con lo esencial, sorprendiéndome de cada detalle en cada momento y sintiéndolo intensamente. Aprender a auto-amarme, auto-divertirme, auto-sanarme, auto-observarme y auto-controlarme; entonces así, sí, que aparezcan las personas adecuadas para compartir todo esto y disfrutar la alegría uno y otro. Siento que estoy viviendo con significado y propósito y que la magia de lo sagrado convive conmigo.

Sábado 12 de diciembre de 2017.

Había llegado mi hija *"Cami"* a San Cristóbal para visitarme y de paso conocer el lugar; además, pasaríamos la fiesta juntas… así lo fuimos planeando.

Edrei, la coordinadora del grupo, que también tiene un programa para enseñar inglés, me invitó a la capital de Chiapas, Tuxtla Gutiérrez, a participar de una charla sobre el voluntariado e incentivar a más gente para que se unieran a esta labor, ya que varios de nosotros pronto nos iríamos. La plática fue en el acto de cierre de fin de año.

Cuando me encamino a la terminal de autobuses para abordar el camión, llegó nuevamente la inspiración a mí y tuve el deseo de escribir, pero no tenía ni lápiz ni papel en la cartera; había decidido no llevar el celular ese día, por lo tanto tampoco podría escribir en el blog de notas.

Era tanto mi deseo de escribir que pasé a comprar papel y lápiz para poder hacerlo mientras viajaba.

Lo primero que se me vino a la mente fue escribir esto: *"Recuerdo cuando Pablo me decía que tenía que conocer Chiapas, haciendo hincapié en San Cristóbal de las Casas, que me iba a encantar; más de una vez me había repetido eso cada vez que lo visitaba en México, pero siempre le decía, 'siento que todavía no es el momento, lo voy a hacer cuando lo sienta, no sólo por conocer' ".*

"Ahora comprendo que tuvo que ser en este momento, cuando no era sólo por conocer de turista, sino cuando la tierra había temblado y yo algo podría ofrecer. ¿Cuánto que aprendí y cuánto que me llevé? Después de este viaje sentía que no sería la misma. Un estado diferente de consciencia, otra mirada diferente de las cosas; estar en contacto con la gente que habían perdido sus cosas y casas me sirvió para realmente confirmar todo lo que yo sentía, de cómo vivir y valorar la vida

y de cómo me animé a salir de la famosa 'zona de confort' (estado de inmovilidad y de no dolor, pero de incomodidad y no plenitud).

Se acercaba la fecha de las fiestas y el plan fue ir a conocer el Pacífico. Fuimos varias personas del grupo de voluntarios para la Navidad; luego seguimos viaje con Camila a Puerto Escondido, llegamos el 31 de diciembre de 2017. No conseguíamos lugar para alojarnos. Pasaron tantas cosas que en otro momento lo hubiese visto como un problema.

Hoy sabía que eran sólo circunstancias a resolver. Le ponía emociones diferentes a las de antes: las viejas hubiesen sido frustración, angustia y miedo.

Empecé a reconocerme diferente, en cambio eran otros los sentimientos, ya no los podía ver como problemas. Una mañana me desperté con una frase en mi mente y me levanté para escribirla inmediatamente; era como una voz que me decía: *'Conquistaste un espacio en tu interior donde estás experimentando la felicidad. ¡Sí!', me respondía.*

Lo siento como una verdadera conquista "*la conquista del desierto*", ese desierto que me habitaba y que en ocasiones todavía me habita por momentos, pero cada vez menos. Pienso, cómo describir a ese espacio y me lo imagino como un inmueble (será porque me acosa la idea de tener que adquirir bienes, porque me enseñaron que eso es el reaseguro de la felicidad), será porque fue lo que aprendí.

Hoy pienso que si es un reaseguro económico, es un medio de posibilidades, pero no es el de la felicidad, cómo había sido dado el mensaje o como lo había entendido de niña.

Hoy siento felicidad de estar viva primero. Lo siento, no sólo lo digo y al serlo disfruto de lo que tengo y no al revés; lo logré agradeciendo y es ahí cuando se apaga la mente amenazadora, esa que deja entrar a los miedos.

Me empecé a proponer estar feliz en los momentos difíciles, siendo consciente de que eso está sucediendo para que aprenda algo y evolucione; lo empecé a poner en práctica cada vez más y sé que pasará tan rápido como yo haya aprendido la lección.

Cuando realmente entendí, me cambió la perspectiva de las cosas. Nada me asusta, porque sé que no es permanente, que todo pasa; respiro profundo y fluyo. Eso me da una felicidad interna y me relaja.

Sentirse feliz por el solo hecho de estar vivo es una de las cosas más hermosas que he sentido y eso viene de adentro, de ningún otro lugar, y hace que seas un terreno predispuesto para que la magia que hay en el mundo suceda y se exprese en vos. Desde ese lugar todo se ve y se siente diferente; se siente la energía del amor, se siente a Dios, porque Él es amor y porque el amor es Dios.

Es la energía que hace que sientas la vida dentro de ti; que sientas bondad, que te sientas vital, divino, parte de la naturaleza; que te sientas con potencial para crear, que atraigas cosas buenas.

Puerto Escondido, 5 de enero del 2018.

Estoy tirada en la arena, relajada y escuchando el ruido de las olas. Son las 9:30 a.m., de la mañana del Día de Reyes, siento el sol en mi cuerpo y el peso de éste sobre la arena. Respiro y agradezco. Soy consciente de que he logrado disfrutar, aunque sea por pequeños lapsos, del *"aquí y ahora"*, aun habiendo circunstancias personales y familiares difíciles de resolver; sigo agradeciendo porque tienen solución. *"Cami"* en ese instante dormía.

En el vuelo de mi alma me transporto a California, donde está mi hijo Pablo. Lo beso en la frente. De ahí vuelo a Argentina y me transporto a la casa de mi madre, la beso en la frente y le digo que la amo. Estoy relajada con las puertas de la percepción totalmente abiertas; escucho, siento, huelo y agradezco una y mil veces... De golpe me interrumpe una voz brusca que me saca de mi concentración, preguntándome si quería cigarros fuertes o alguna excursión; entendí rápidamente de qué se trataba.

Enseguida aparece el pensamiento del consumismo como puerta a la felicidad, de lo que te ofrece el afuera, y recuerdo a los buscadores desorientados y los comprendo. Qué tan rápido caen en consumir drogas para llegar a estados ampliados de consciencia.

Pero claro, es por poco tiempo, no es un camino de aprendizaje para llegar a sentirlo en forma permanente y con cierto riesgo de dependencia, lo cual es verdaderamente un atajo y con cierta frustración al ser tan fugaz.

Reflexioné un rato sobre las drogas. Me dijeron que hay gente que no llega a sentir este estado de plenitud, si no es por estímulos de plantas; yo no quiero juzgar.

No quiero nada, no quiero juzgar y no quiero hacer crítica de esto, simplemente quiero contar mi experiencia, y decir que sí es posible lograrlo sin consumir algún tipo de estupefaciente, es un camino más lento y difícil quizás, pero permanente y que da mucha plenitud y felicidad. Me siento bendecida y orgullosa de animarme a transitar esto de la alquimia en mi vida. Me abrazo fuerte.

Percepción versus realidad

Para practicar esta alquimia es necesario cambiar la frecuencia vibratoria de los pensamientos. Es esa una de las puertas. Comprendí la diferencia entre conciencia y consciencia, nunca sabía si era con "s" en medio o no. La *"conciencia"* se refiere a un pensamiento racional; por ejemplo, conciencia ciudadana, y es del ámbito del ego; la *"consciencia"* con la 's' y 'c' es el estado de la no dualidad, es el umbral adonde los científicos no llegan, es sólo la experiencia y depende de la percepción de cada uno; es una energía superior que no tiene que ver con el ego. Yo estaba en ese momento en un estado elevado de consciencia y de eso se trata la evolución.

Cuando digo que depende de la percepción de cada uno, es como lo percibe a la realidad cada uno. Lo que está afuera no es la realidad de lo que existe, sino cómo lo interpreta el cerebro y cómo creamos nuestra realidad, por eso siempre digo que las cosas no son como las vemos, sino que las vemos como somos.

Si observamos cómo funciona la percepción, entenderemos que la realidad que existe afuera es la que nosotros construimos en nuestra mente, ésta interpreta el resultado de lo que percibimos. Por ejemplo, cuando yo veo lo que sucede afuera, es luz que entra a mi sistema nervioso, el cual lo interpreta y lo organiza en percepciones.

Es verdad que hay algo ahí afuera, pero lo que yo configuro a partir de lo que los órganos de los sentidos ven y sienten es diferente a lo que hay. El modo que uno percibe la realidad es el modo y la forma en que uno construye la realidad externa a partir de esa percepción y así lo manifestará.

Por ejemplo, si tenemos en la mano una botella plástica interpretaremos que es basura e iremos enseguida a tirarla; pero si interpretamos que es un material de construcción y con eso puedo ponerle algo para construir una pared, entonces crearemos una realidad distinta.

¿Qué tal si ves interpretar tus propios pensamientos? Te van a llevar a construir una realidad. Por ejemplo, supongamos que experimentas una sensación de enojo, estás en un nivel muy bajo de consciencia, en una configuración de la percepción muy básica, entonces es enojo y va a producir pensamientos destructivos. Ahí aparece la queja, la culpabilidad al exterior y todo esto se debe a tu estado de consciencia y de cómo se construye la percepción.

Por eso se dice que hay una realidad afuera, pero debido a que existen múltiples estados de consciencia y múltiples percepciones, hay múltiples realidades, por lo que hay que estar muy atento con cuál realidad te estás quedando, qué realidad estás eligiendo vivir.

Cuando tienes un sentimiento de enojo, eres consciente de que está pasando algo en tu cuerpo, y a medida que tu estado de consciencia sea más amplio tu energía se expandirá más, y ésta apagará todos esos pensamientos negativos, y no vas a sentir una sensación negativa en el cuerpo, se puede procesar esa emoción en lugar de quedarte enganchado en un diálogo negativo.

Al procesar esa emoción ocurre la trasmutación. Puede que aparezcan emociones de la niñez que te hieran; o diferentes situaciones actuales que se repitan, si tu energía no se expande y transitas por un estado bajo de conciencia repetirás los patrones negativos de enojo y nunca llegarás a evolucionar.

En cambio, termina siendo una respuesta amorosa de paz y agradecimiento al mundo en lugar de ser una respuesta negativa. El suceso externo puede ser el mismo, pero la gente lo toma de diferentes maneras; es otra la respuesta que devuelve al mundo según su percepción.

Y aquí dejo una reflexión: ¿Cuál es el mundo que quieres construir?

Empecé a pensar que si quería transformar mi vida tenía que entender que los seres humanos tenemos diferentes estados de consciencia y que la mayoría del tiempo estamos en un estado de conciencia básico, en donde tenemos muy poca perspectiva de transformación y siempre estamos habitando como si fueran los pisos inferiores de esa consciencia; es una realidad totalmente diferente a la que vemos, como cuando en un teatro vemos un espectáculo. No es lo mismo verlo desde la planta baja, de la platea o de un costado, tenemos diferente interpretación de la realidad.

Si realmente queremos que nuestra realidad se transforme, lo que tenemos que aprender es a trabajar intensamente en lograrlo

.Si uno no se detiene a mirar la vida y transformarse seguiremos protestando, peleando, enfermando y medicándonos. Nos subimos de nuevo al mundo que nos impusieron. Es verdad que es lento y difícil en forma colectiva poder hacer dicha transformación y cambiar el estado de conciencia planetaria. Pero es responsabilidad de cada uno empezar por el propio mundo, el que nos rodea.

CAPÍTULO 9

Visita a Argentina

De visita a la Argentina, grandes cambios en la economía me hicieron modificar los planes. Mi país de origen empezó a sufrir problemas en la economía, lo que significó que el dinero que yo recibía de mi consultorio y de la renta de mi vivienda, que eran mis únicas entradas económicas en ese momento y había sido mi plan para moverme de mi zona de confort, tenían muy poco valor en México.

Era el momento de comenzar una actividad en México que me permitiera un ingreso económico, aunque yo aún no había obtenido la residencia mexicana. Otra vez aparece el conflicto con mi profesión. Había una gran resistencia a ejercerla, sentía verdaderamente que era un pasado en mi vida.

Decido regresar a mi país para ver a mi madre, amigos y mi consultorio. Empiezo a vivir una gran inseguridad económica y aparece el monstruo interno que creía haber domado: el de la carencia.

Y otra vez me repito que la seguridad no la da el dinero, que sólo da posibilidades; ese era mi estado de consciencia nuevo, y me dije: *'Voy a construir una realidad a partir de aquí, consciente de que necesito posibilidades económicas, pero también consciente que tengo seguridad en mi misma'.*

Yo ya me conocía demasiado con el "*coaching*". Había trabajado mis valores y sabía cuáles eran mis gustos y necesidades, a qué renunciaría y a qué no. Estaba dispuesta a reprogramarme, pero las pruebas estaban siendo muy fuertes y grandes.

En otro tiempo me hubiese quejado, a ser víctima, a llorar, a culpar al gobierno, a los que estaban alrededor, a mí misma.

Pero como les conté en el capítulo anterior mi estado de consciencia estaba expandido, la vida se estaba expresando. Fue así como a pesar de todo lo externo que sucedía, el pánico de la gente en general, yo en cambio sentía la seguridad de que todo estaría bien.

Es muy difícil de explicar. Es un sentimiento nuevo que no conocía y no coincidía con la realidad externa que estaba viviendo. Fue un gran desafío, porque realmente estaban disminuidas las posibilidades de moverme de un lado a otro como lo había podido hacer en otro tiempo.

Pero así fui poniendo en práctica y diciéndome que a esta realidad que estoy percibiendo afuera la voy a interpretar de otra manera buscándole otro sentido, otras posibilidades, en lugar de por miedo ponerme a generar más dinero perdiendo mis objetivos. Y así fue como increíblemente se empezaron a abrir puertas que ni me imaginaba, y que si uno tiene la conciencia baja no las podemos ver y ni tenemos idea de que ahí están. Así empiezan nuevas soluciones, nuevas alternativas y entiendes que el mundo de las posibilidades es infinito.

Yo había alquilado mi casa y no tenía un espacio propio físico para quedarme. Así fue como empecé a quedarme en hogares de algunos amigos y luego en casa de mi madre; no era fácil, había ido con la idea de alquilarme un espacio para mi sola.

Pero les aseguro que podía disfrutar de cosas que en otro momento jamás hubiese podido hacer, y si hubiese estado sola, tampoco. También agradecía mucho por lo que sí tenía.

Todas las realidades se me estaban cambiando y cayendo en parte.

Me empecé a acordar de algunas sesiones de "*coaching*" donde sabía que había una red que me podía sostener, pero para hacer uso de esa red tenía que aprender a pedir y a recibir. Entonces me di cuenta que no lo sabía hacer; nuevo aprendizaje para mi crecimiento y evolución. Por sorpresa me di cuenta que a la gente a la cual le pedí ayuda, le hizo muy bien el poder hacerlo, entonces se abren otras posibilidades, otras formas de relacionarte.

Cambiando estructuras podés construir la realidad que quieras. Una de las cosas que quería hacer era formarme en Reiki, pintar y seguir conociendo lugares, pero sabía que estaba en un momento de recreo, de parar y disfrutar, de reencontrarme con los afectos y así lo hice, ocupándome de mis cosas que había dejado allá; yendo al consultorio, viendo cómo funcionaba, visitando amigos y a mi madre y acomodándome con los recursos que disponía.

¡Noticia del "abuelazgo"!

Mientras estaba en Argentina recibí una noticia que no esperaba, esas que te dejan mirando exactamente al punto cardinal opuesto, pero de las que en un segundo te hacen vibrar en conciencia y en amor con la rapidez de la velocidad de la luz, por lo menos para mí que estaba en ese estado nuevo de plenitud... ¡Fue increíble!

Una mañana me llegó un mensaje de Pablo, quien estaba en México, para contarme algo inesperado e inimaginable. ¡Iba a ser papá! ¡Y yo abuela!

En realidad, la alegría y la vibración en amor que yo sentía no lo voy a poder poner creo, nunca en palabras, lo que significaba la descendencia, una nueva vida a través de un hijo. Fue tan hermoso recibir esa noticia en ese estado de consciencia, que todos esos días que me quedé en Argentina sentía que literalmente volaba, fue como si la mente se hubiera apagado por completo y sólo existía el amor. Recuerdo que mi hijo no me dejaba contárselo a nadie todavía.

Cuando por la noche iba a mi habitación para dormir hablaba al cielo con mi padre y decía: '*Sabes que Pablo va a ser papá*'. El corazón me explotaba y lloraba de emoción. En ese momento no me cruzaba por la cabeza cuál sería el lugar que elegirían para el nacimiento del bebé, ya que ellos eran viajeros, nómadas hasta ese momento. No se me ocurrió pensar en lo absoluto sobre el futuro, sólo existía el presente.

La vida quiso que eligieran a México para que llegara al mundo Manú, y más precisamente en el Caribe mexicano, donde yo tenía planeado volver para quedarme, pero en ese momento aún no lo sabía, sólo me importaba la realidad de lo que significaba esa llegada.

Realmente me conocía diferente. Estaba viendo mi propia evolución; en otro momento de tanta inestabilidad económica, una noticia así seguramente hubiese estado interferida por las inseguridades del momento, pero la realidad que construí desde mi percepción de mi corazón hizo que aparecieran sensaciones hermosas. Aparecieron ideas mágicas y sólo vibraba en amor.

Me enfrenté con mi alma que me hablaba y me decía que no me preocupara por lo económico, que vendría algo positivo para que yo estuviera más feliz y relajada.

La despedida con mi profesión había sido llevada a cabo de manera muy sentida en mi alma, por lo que ya ansiaba estar en otro trabajo. Pero cómo explicarle a mi mente que no es un capricho como ella me acusaba, era una lucha de cada mañana con algunas batallas pérdidas y otras ganadas, apareciendo de nuevo la culpa, qué interesante personaje provocando gran conflicto en mí.

Entiendo que cuando aparece este personaje -*"la culpa"*- a veces sirve, porque nos hace conscientes de que algo hemos hecho mal y facilita el intento de repararlo, pero debe pasar rápido ese episodio porque el error es que permanezca, y entonces el sentirse culpable y permanecer en el sentimiento no es bueno.

También tenía cierta culpa por no poder darle económicamente en ese momento a mis afectos. Pero me recordaba que estaba disfrutando y dándoles tiempo y amor como tanto lo había deseado.

Construí una realidad muy favorable desde ese lugar, donde yo estaba en presencia plena dando amor; así transcurrían mis días de visita donde la culpa me visitaba pero ya no se instalaba; donde los miedos pasaban de largo y yo los observaba, y donde el amor cada vez más se expresaba.

El regreso de nuevo a México

Volví a México, a Playa del Carmen, el lugar que por tener mar me atraía y al cual había soñado volver... Y nada menos que el mar Caribe.

Hasta este momento todavía no sabían con certeza dónde nacería Manú. Yo sentía que mi alma quería estar allí. La vida quiso que eligieran Playa del Carmen para su nacimiento. Cómo explicar lo mucho que lo disfruté, como se supone se merece disfrutar un acontecimiento así. Agradecí haber sido valiente cuando sentí moverme de mi lugar en ese momento, allá por el año 2016, que sentía con el corazón y no sabía por qué era tan fuerte.

Recuerdo cuando solía expresarle a Ivón -cuando aún vivía en Argentina-diciéndole con la mano en el pecho: *"Siento que tengo que ir a dar amor a otro lado, y creo que es México, pero no sé bien qué es"*.

Decidí no reprimir ese sentimiento. Lo pienso, lo recuerdo y me felicito.

Hoy sé que eran tres cosas muy fuertes las que movilizaban mi alma: dar amor a la gente damnificada por el terremoto (me pasó en algunos lugares cuando sentí que mi alma ya había estado ahí, que era mi cuerpo llegando en ese momento;

es muy fuerte lo que se siente) y también dar amor a Manú en el momento de su llegada a este planeta, y a Pablo y Sol en el momento que se convertirían en padres. Eso fue inexplicable, había sentido el llamado de mi ser superior, lo escuché y me animé a moverme.

Nuevo modo de convivencia: amoldarse, acomodarse

Cómo sería la auténtica decisión de no ejercer mi profesión, que cuando volví a México preferí acceder a un modo de convivencia compartiendo vivienda, que no sea precisamente con una pareja, sino con personas que estén decididas a compartir espacios comunes. Esa modalidad no la conocía: se llama "*roomies*".

No lo había hecho en época de estudiante porque estaba ya casada, por lo cual convivía con mi pareja. Me encontré haciendo cosas en este momento que no había hecho a los 20 años, pero al salir de casa y de tu estructura, empiezas a comprender lo que significa salir al mundo; te encuentras con un montón de personas de tu edad que lo hacen, entonces lo empiezas a ver natural.

Debo reconocer que al principio veía raro muchas cosas desde la óptica del viejo paradigma. Me parecía tan lejano e impensado para mí pero mi realidad económica había cambiado y yo debería acomodarme si es que quería seguir transitando este camino.

Estaba acostumbrada a vivir sola, años de separada y luego se fueron de casa también mis hijos, tuve parejas pero no convivía. Ahora era tener una entrada de dinero rápida con mi profesión en México o empezar a recorrer el camino que yo verdaderamente sentía, pero compartiendo gastos de vivienda, así empezaba a ser lo que me había dado cuenta que mi alma deseaba: Reiki, pintar y terapias holísticas en general.

Decidí renunciar a esa privacidad cotidiana que también amaba, ya que disfrutaba mucho de vivir sola, en pos de algo nuevo. Lo que jamás imaginé fue que esta nueva forma de vivir me iba a traer también tanto aprendizaje.

Tengo que reconocer que me daba miedo en cierto modo, porque me tenía que enfrentar a mis peores enemigos: la intolerancia y los espejos; el otro te muestra algo de lo que te molesta en vos, que tenés que trabajar. Mis ansias de evolucionar y de sanar atraían ciertas situaciones para poder lograrlo.

La verdad que estaba practicando, el salir de la zona de confort como nunca lo hubiese imaginado, la logré ponerla en práctica.

Fue cuando más apliqué los cuatro acuerdos toltecas del libro de Miguel Ruiz: aprender a no tomarme nada personalmente, la impecabilidad de las palabras, el dar el máximo de ti mismo y el más difícil para mí, no suponer.

Me acuerdo cuando mi hijo me dijo: *"Mamá, tenés que leer 'Los cuatro acuerdos toltecas', porque vivís suponiendo; suponer te hace inventar historias irreales que sólo envenenan tu alma"*. Cuánta experiencia, cuánto aprendizaje en estas convivencias.

Y aparecen personajes que te representan a los que habías tenido que superar para que compruebes si ya lo haz logrado. Te aparecen representados tu madre, tu ex pareja, hermanos, hijos, amigos, etc., con el libreto que el teatro de la vida te traiga para que rindas.

> ***"Quien no aprende nada de los hechos desagradables de su vida, fuerza a la conciencia cósmica a que los repita tantas veces como sea necesario para aprender lo que enseña el drama de lo sucedido. Lo que niegas te somete. Lo que aceptas te transforma".***
>
> **Carl G. Yung**

Cuántos desafíos, pero también cuánto amor. Recuerdo algunas noches o amaneceres luchando con mis propios monstruos internos, los cuales me propuse superarlos. Qué satisfacción cuando lo lograba y podía ver todo con luz y amor viendo que era lo que me estaban mostrando para ser un poquito más libre emocionalmente. Usaba las herramientas que ya había conocido y sabía aplicarlas. Cuántas pruebas, cuántas puertas se abren para sanar, y de a poco te vas convirtiendo en ese personaje evolucionado que soñaste ser con paz interior.

Y así es como empecé a recorrer el camino elegido viviendo desde ese lugar conquistado y actuando en consecuencia a lo sentido.

CAPÍTULO 10

Manú y Mía

Llegó también mi primer trabajo en Playa del Carmen, y no tengo dudas que lo atrajo el amor. Esa energía fue la que nos atrajo con Mía, la bebé que cuidé durante 7 meses, ya que -como les conté- me resistí a ejercer la odontología. Ella tenía apenas tres meses de nacida cuando la conocí. Nos sonreímos apenas nos vimos y nos elegimos. Ese tiempo fue una experiencia hermosa, en un ambiente de amor absoluto sentía que me movía con su familia, pero yo sabía que sería pasajera mi labor de niñera porque estaba en México para trabajar en cumplir mis sueños y después de semejante cambio quería también enfocarme en ellos, quería disponer de tiempo para eso y no postergarlos a pesar de mi amor a los niños.

Manú estaba en camino, la estábamos esperando, y dedicarle ese tiempo a ella sería también mi prioridad. Así fue que en medio de ese periodo fui abuela. Durante este tiempo, donde me volví a conectar con el amor, estaba rodeada de esa energía; me conectaban las dos bebés y cada día de una manera especial. Así fue que volví a conectar con mis escritos después de un periodo de cierta desconexión.

¡Cuando sueñes algo nunca bajes los brazos, y en esa ensoñación de día y de noche aparecen ángeles que nos acompañan a través de las personas adecuadas soplando tus alas e invitándote a volar!

Los factores imponderables siempre aparecen. Manú a Argentina.

Disfruté a mi nieta ocho meses hasta que con su mamá se fue a Argentina donde está el resto de su familia, y ahí un nuevo desafío se presentó. La había disfrutado mucho de su tiempo aquí en México, que aunque corto, fue intenso y en total presencia y consciencia.

Después de despedirlas me senté en un banco en la calle. Estuve aproximadamente 40 minutos inmóvil, como observadora de mi misma, de lo que estaba sintiendo y de la realidad que estaba frente a mí... eligiendo cómo percibirla.

Y dije que el viejo programa sería ponerme a llorar porque el sentimiento de angustia permanecía, pero mi estado de conciencia hizo que esas lágrimas que se escapaban a borbotones no pasaran a mayores. Con la vieja programación mi realidad era quizás deprimirme imitando el modelo de mi madre; hoy la miro con amor y entiendo que era lo que ella podía dar, pero no era lo que yo quería.

"*¡A seguir viviendo la vida!*", me dije. Entonces me conecté con mi centro creativo; la realidad me generaba sentimientos de angustia y de miedo pero yo la transformé.

En esa intención de abrazar lo nuevo empecé al día siguiente a pintar los sombreros, ahora ya con más dedicación.

¡Me encanta pintarlos!

Es lo que mi alma me estaba pidiendo: reconectar con la pintura que desde niña lo había hecho, pero por falta de tiempo, decisión y demás no lo había logrado. Empecé a pensar entonces en un proyecto uniendo el diseño, la pintura y el Reiki.

En el capítulo anterior hablaba de la percepción. Acá sería un ejemplo, sólo transformé mis pensamientos y la realidad que estaba viendo la percibí de otra manera.

Las cosas no son como las vemos, las vemos como somos. No me cansaré de repetirlo, y yo empecé a ver esa situación con amor, porque yo soy amor; la empecé a ver con luz porque yo soy luz, y así fue como se fueron dando las situaciones de conexión con Manú, pero sin angustia.

Desde el Reiki a distancia que le hacía cuando su mamá me lo pedía y me conectaba de una manera que jamás hubiese pensado que sería, y así fue como construí otra realidad con los mismos hechos. Otra forma de vivir la situación y logré trabajar el amor desde el desapego.

Al día siguiente empecé a trabajar para crear la marca de los sombreros pintados a mano: "*Zazilhats*".

La pandemia

Nunca me imaginé que al mes siguiente sucedería algo que cimbraría al mundo entero. Una nueva enfermedad azotaría el planeta confinando a cada ser humano a permanecer con miedo y zozobra ante un letal virus hasta entonces desconocido, el Covid 19.

Por motivos de la pandemia y cuarentena impuesta por la Organización Mundial de la Salud no pude viajar a Argentina a ver a mi nieta, como lo habíamos planeado al despedirnos en México.

El consultorio odontológico ya no podría funcionar como hasta ahora. Yo ya no lo podía sostener y tenía que tomar una decisión sobre eso: se cerró en cuarentena y no lo reabrí.

Mi secretaria ya me había planteado su deseo de no trabajar más sin mi presencia, más aún en medio de esta contingencia; las responsabilidades eran otras, lo mismo que para mí a la distancia.

La situación era preocupante, pero yo decidí no estarlo, pero si ver qué posibilidades podía manejar.

Ahora comprendí que yo había generado en el 2016 mi propia cuarentena: mi viaje hacia mi interior. También entendí cuánta gente que podría haber hecho el mismo viaje ahora, decidieron sólo percibir la realidad de una manera distinta y atarse al caos.

Fui consciente que estaba construyendo la realidad que después tendría que vivir. Al estar tranquila vi el abanico de posibilidades que se abren. Mucha gente que estaba paralizada con los miedos, gente que consumía todo el día noticias y sólo relataba la crueldad de la realidad que se mostraba, pero que no se sabía si era la que realmente sucedía. Otra vez más puse en práctica percibir y construir otra realidad para cuando se fuera la pandemia. No quería desistir de mis sueños, por tal motivo trabajé mucho en mi interior y en meditar.

Empecé a pertenecer a grupos de Reiki y meditaciones, todo online, otro desafío para mí. Ya expresé anteriormente lo que siento con respecto a las redes sociales y la tecnología, ahora debía usarse todos los días para muchísimas actividades, hasta para conectarse con los amigos y parientes que quedaron aislados. Más aun, se necesitaba estar atentos a que esto no te absorbiera y te llevara de manera inconsciente, enganchándonos con lo que los demás deciden qué consumamos.

Nada de noticieros, sólo preguntar que por favor me contaran las noticias esenciales; o sea, filtrar para sólo estar informada, pero no "influenciada". Entendí realmente que todos tenemos la misma materia prima y que depende de cada uno de nosotros decidir cómo usarla y con eso construir la realidad que queramos.

Y esto no significa que uno sea insensible con los afectados, todo lo contrario, si hay alguna posibilidad de ayudar a alguien es estar bien alineados nosotros, con salud física y emocional, en perfecto estado.

Con la vieja estructura, hubiese construido otra realidad porque hubiese tenido otros sentimientos, como por ejemplo el miedo, la desesperación, la angustia, la queja, el ser víctima, el llorar y deprimirme, pero decidí construir otra.

Una realidad que me lleve a mi sueño a pesar de las circunstancias externas… a mi mundo nuevo. Es increíble, cómo se van abriendo puertas que ni siquiera conocía; me despertaba y agradecía.

Hice un taller de conexión de la glándula pineal que me llevó a vivir conectada con la fuente de la creación, con el proceso creativo superior, con mí ser superior, haciendo las tareas, pintando y escribiendo desde ese lugar.

Afuera se expresaba el caos y en mi interior no. Me encontraba cambiada, distinta, transformada; empecé a percibir mí evolución. Si hubiese actuado con la vieja estructura mi respuesta sería, '*¿para qué seguir pintando?*', si los lugares donde se iban a vender los sombreros estaban todos cerrados.

Es más, tuve que ir a retirarlos de un punto de venta, pero ahí fue cuando me hablaba y me decía: '*Quédate tranquila... esto no es para siempre. Esto es para transitarlo, para evolucionar, para aprender*'. Me conecté con la pintura y fue muy terapéutico.

Volvió Camila de viaje, quien se había ido a Europa, también viviendo su sueño. Tuvo que volver a México por la pandemia, así fue que conviví más con ella, dándonos la oportunidad de trabajar la sanación como mujeres.

Ahí comprendí que todo llega en su momento adecuado, y que a veces es en el menos pensado. Deprimirse, llorar y victimizarse es una decisión, pero yo había tomado la opuesta, y se me estaba presentando todo para que pudiera seguir el camino que anhelaba.

El destino me trajo de nuevo a Camila, en cuarentena, para que estuviese conmigo, y a través de situaciones que sucedieron logré terminar de cerrar una herida que tenía de mujer desvalorizada, psicológicamente abusada, maltratos escondidos bajo la alfombra, total e inconscientemente negados. Por consiguiente hizo que ella también empezara su camino de sanación.

¿Saben por qué lo había permitido? Porque yo no me amaba y porque mi autoestima estaba baja. Una vez más se me presentaba la oportunidad de entender y comprender la importancia de lograr el amor a uno mismo antes de entablar cualquier relación. Hoy sé decir muchos ¡NO!, sin culpa. Me respeto y desde allí doy lo mejor.

Si yo me hubiese amado, estoy segura que no hubiese permitido ni un tercio de lo que permití en muchas oportunidades, y como consecuencia lo mal que yo traté a los demás. Ni tampoco haber realizado cosas, tomado decisiones inseguras, y que otros decidieran por mí que es lo peor. Todo por falta de consciencia, producto del desamor.

Entonces, una vez más comprendí que todo nace del amor a uno mismo. Pareciera que nos olvidamos; otra vez la vida me lo mostraba. Podés pasarte la vida buscando culpables, pero sólo existen responsables, que somos nosotros mismos, por lo que permitimos y no; las demás personas sabrán si quieren en su proceso cambiar o no, y si su manipulación encuentra una víctima o tal vez ya no. Este ejercicio a veces nos toca hacerlo con gente del entorno familiar y es muy difícil, pero sumamente necesario.

"Sanar como mujer es la mejor herencia que le podemos dejar a una hija, y a toda la descendencia femenina". Como así también sanamos el árbol para arriba a nuestros ancestros. Y es aquí donde vuelvo a comprometerme desde el amor con Manú.

En esta cuarentena también llegó el deseo de publicar el libro, porque me había desconectado. '*¡Manos a la obra!*', dije.

Se imaginan si hubiese dejado a mi mente apoderarse del momento, del pánico que existía alrededor; el resultado hubiese sido un estado de conciencia contraído y con baja energía. ¿Qué tipo de realidad creen hubiese construido? Este libro, por supuesto, hoy no existiría, tampoco la marca de sombreros y mucho menos podría haber hecho las terapias de Reiki con la felicidad que las estoy haciendo.

Llorar, deprimirse, quejarse y buscar culpables es tentador como escape, porque es un camino conocido, pero no nos lleva a rutas marcadas por uno mismo. En mi propia cuarentena de mi viaje sin maletas hacia mi interior empezó la gestación de este libro, y en la cuarentena mundial nació. Y ya esta transitando por este mundo como fue el pedido de mi Ser Superior, mi presencia Yo Soy. Feliz de haberla escuchado!

Conectada con amor a mí misma, conectada desde el amor hacia los demás y con la creación vendrá algo muy bueno, aunque por semejante incertidumbre mundial aun no lo veo, pero lo puedo *"sentir"* y lo puedo ensoñar.

Sueño vivir un mundo mejor en un acompañamiento del desarrollo personal de toda la humanidad y desde el corazón ayudando a gente que lo necesite.

Despreocupada de lo económico, sólo ocupada para que eso fluya y me sostenga en abundancia.

Así es mi realidad, la que estoy ensoñando, la que estoy construyendo, la que quiero vivir; una realidad donde pueda moverme libremente para contactarme con gente que necesite de mis dones, de mis palabras, que necesite de mi amor, que necesite de mi afecto, motivando, estimulando, amando… ¡es tiempo de creer y crear!

"Lo real no es el sendero, lo real es la autenticidad del buscador".

Carlos Castañeda.

Le dice Don Juan a su discípulo en el libro 'Las Enseñanzas de Don Juan'.

"La oruga se sumergió en el capullo de su alma, y cuidadosa, fue tejiendo alas de sol, tierra, agua, cielo y con estrellas plateadas levantó vuelo… dejando estelas luminosas de amor flotando en el Universo".

Cecilia López

(me lo escribió mi querida amiga antes de irme de Argentina).

CONCLUSIÓN FINAL

Y así fue como decidí ser artífice de mi propia vida con mis deseos más profundos, animándome a un cambio bastante grande y radical, abandonando los intentos de vivir según modelos impuestos pre-establecidos, decidiendo trascender los miedos, buscando el amor en todas y cada una de las cosas.

Muchas veces me pierdo y se apaga la llama, y se corta la luz de mi hogar interior, aparecen nuevas pruebas, recuerdos y me olvido que prometí vivir sintiendo.

Vuelven algunos miedos y me confundo, pero sé identificarlos; también reconozco los que no son míos y los ahuyento. El secreto está en confiar en lo que sentí alguna vez, lo que me emocionó, lo que me hizo vibrar en amor, lo que aprendí. Soy consciente que es la mente y los miedos que lo apagan, y que mientras más rápido controlemos eso más pronto volvemos en sintonía con nuestro ser.

Es hermoso observar y sorprenderte de cómo es que puedes cada vez permanecer menos en ese lugar de miedo y de víctima, y volver a tu eje, en el cual dejaste de buscar culpables y sentirte responsable, tomando decisiones y sabiendo que tienes el poder para ello.

Y también saber decir no o basta, cuando lo sientes, y te animas porque te reconoces y claramente sabes lo que quieres.

Puedes cometer el error de abandonar el rumbo y seguir por el camino conocido, el que te da seguridad y comodidad aunque te apague, pero sabes que la queja o ser víctima no es bueno, menos aún el que elija otro por ti y ser eco de eso.

Pero no te asustes, no te desanimes, no cambies de rumbo por más difícil que sea el camino; sigue tus ideales, tus valores, tus deseos, reconoce cuáles son y no los cambies por nada, vence paradigmas; por ello, trabaja en callar la mente, desprográmala. Sé flexible en la aceptación del otro y no te olvides que el Universo también eres tú y tienes que actuar lo que sientas; si piensas en negativo vibras bajo, ya que su idioma es la vibración; no pretendas que el Universo te dé lo que no das.

Esa energía te llevará a donde tengas que estar, a donde tu alma lo desee. No vas a saber cuál es tu propósito a través de tus pensamientos, lo descubrirás a través de tu corazón, de tu "*esencia divina*", por ir hacia adentro, a tú silencio interior, donde hay algo que te apasiona, por lo cual naciste y está esperando por ti.

Lo importante es reconocer el llamado y una vez ahí transitar la alineación entre el camino que venías recorriendo con ese que te mostró la intuición.

Realizando esa alineación es en la que me siento ahora, liberando energías de viejas estructuras, sintiendo que soy el refugio en mí, reconociendo de a poco mi propio poder interno y aprendiendo cómo acceder a él.

Mi potencial va aflorando, conectándome con mi maestro interior, soltando apegos, relaciones "*karmáticas*" que me fueron mostrando cosas para poder romper con ese viejo paradigma; nuevos pensamientos se están acercando y con ellos nuevos sentimientos, por eso honro y cierro todas mis experiencias conflictivas reconectando con el propósito de mi ser.

Mi malestar era que me habitaba el miedo y a su vez, justamente por miedo, yo habitaba en mi ego; hoy habito en mí ser, mi hogar, y voy con él a donde quiera que vaya.

Deseo profundamente que puedas habitar tu hogar, que puedas vivir sin miedos, que puedas amarte y amar, que seas muy feliz y que tengas mucha paz; ojalá que esta experiencia mía en algo te pueda ayudar.

Yo seguiré soñando, sintiendo y evolucionando, y seguramente también escribiendo, así que es muy probable que nos volvamos a encontrar. Gracias por haberme leído, me despido en amor desde mi corazón, hasta siempre:

"Mily".

GRACIAS por todo lo que soy.

GRACIAS por todo lo que tengo.

GRACIAS por todo lo bueno que viene hacia mí.

"No hay maletas que pesen cuando abres tu corazón"

Un porcentaje de la venta de este libro será destinado a la ayuda de los pueblos del interior de México, a través de la Organización Colectivo Xu'

/ColectivoXu/
@colectivo_xu
https://youtu.be/KroImpgDbG8

Made in the USA
Monee, IL
08 October 2021

79182388R00111